KiWi 313

Über das Buch

Innerhalb kürzester Zeit ist Ignatz Bubis einer der wichtigsten Akteure in der Gesellschaft der Bundesrepublik geworden. Immer wieder fordert er vom Staat die Ausschöpfung aller rechtsstaatlichen Mittel im Kampf gegen den Rechtsradikalismus. Mit Ignatz Buzbis ist ein im besten Wortsinn Unabhängiger an die Spitze des Zentralrates der Juden in Deutschland gewählt worden. Seine Lebensgeschichte spiegelt die dramatische Geschichte der Deutschen seit den späten 20er Jahren. Als Kind erlitt er die Naziverbrechen im Arbeitslager, doch er kam nach Kriegsende zurück nach Deutschland und half mit beim Wirtschaftswunder. Öffentlich trat er 1985 erstmals in Erscheinung – als Demonstrant auf der Bühne des Frankfurter Schauspiels gegen das antisemitische Fassbinder-Stück »Die Stadt, der Müll und der Tod«. Ignatz Bubis läßt keinen Zweifel daran, daß er auch angesichts der Mordanschläge auf Asylbewerber und der Schändungen jüdischer Grabstätten auf die demokratische Substanz dieser Republik setzt.

Dieses Buch ist eine autobiographische Bestandsaufnahme, die in Gesprächen mit Edith Kohn entstanden ist. Ignatz Bubis erzählt nicht nur seine Lebensgeschichte. Er spricht über das Judentum in Deutschland, sein Verhältnis zu Israel und seine Sehnsucht nach geschichtsbewußter Normalität zwischen jüdischen und nichtjüdischen Deutschen.

Die Autoren

Ignatz Bubis, geboren 1927 in Breslau, freier Unternehmer, Vorsitzender des Direktoriums des Zentralrates der Juden in Deutschland und Mitglied der F. D. P.

Edith Kohn, geboren 1953 in Mettlach/Saar, katholisch, Diplom-Pädagogin und freie Journalistin, arbeitet unter anderem für Tempo, die Weltwoche, den Spiegel und Saison.

IGNATZ BUBIS

Ich bin ein deutscher Staatsbürger jüdischen Glaubens

*Ein autobiographisches Gespräch
mit Edith Kohn*

Kiepenheuer & Witsch

© 1993 by Verlag Kiepenheuer & Witsch, Köln
Alle Rechte vorbehalten. Kein Teil des Werkes darf in irgendeiner
Form (durch Fotografie, Mikrofilm oder ein anderes Verfahren)
ohne schriftliche Genehmigung des Verlages reproduziert oder
unter Verwendung elektronischer Systeme verarbeitet,
vervielfältigt oder verbreitet werden.
Umschlaggestaltung: Kalle Giese, Overath
unter Verwendung eines Fotos von dpa/Muncke
Satz und Reproarbeiten: Kalle Giese Grafik, Overath
Druck und Bindearbeiten: Clausen & Bosse, Leck
ISBN 3-462-02274-1

Danken möchte ich Ignatz Bubis für seine Langmut und Geduld mit mir, sowie Bernd Kammerer, ohne dessen Kameraausrüstung die Fotos aus Deblin nicht entstanden wären. Besonderen Dank schulde ich auch Ortrud Lotz, die das Bandmaterial schrieb, und Helge Malchow, meinem Lektor, für die Idee zu diesem Buch und die gute Zusammenarbeit.

Edith Kohn, im Februar 1993

Inhalt

Zwei Frankfurter treffen sich in Tel Aviv und unternehmen eine Erinnerungsreise in die Kindheit

Die Gespräche mit Ignatz Bubis für dieses Buch haben in Tel Aviv/Israel stattgefunden, am vorletzten Tag Chanukka, dem jüdischen Tempelweihefest, oder, christlich gerechnet, am zweiten Weihnachtsfeiertag 1992. In Tel Aviv, weil Ignatz Bubis, dessen nebenberuflicher Titel korrekt Vorsitzender des Direktoriums des Zentralrates der Juden in Deutschland lautet, in Frankfurt am Main, seinem eigentlichen Wohnsitz, vor lauter Terminen keine Minute Zeit hat erübrigen können. In der Zeitspanne, die Christen »zwischen den Jahren« nennen, fliegt er manchmal nach Israel. In Tel Aviv bewohnt er dann seine Ferienwohnung hoch über den Dächern der Stadt. Von seinem Balkon aus kann er rechts aufs offene Meer blicken, links erstreckt sich die Stadt, fast so weit das Auge reicht. Von hier aus sieht das Häusermeer Tel Avivs wie ein Ensemble gestapelter Bauklötze aus, mit aufgesetzten Antennen, die wie winzige Stacheln wirken. Das Appartement ist komfortabel eingerichtet, im Stil der siebziger Jahre. Wohn- und Eßbereich sind großzügig mit cremefarbenem Teppichboden ausgelegt. Am Eßtisch finden leicht zwanzig Personen Platz, und entlang der Wände reihen sich, dicht an dicht, Gemälde israelischer Künstler. Während unserer Gespräche sitzen wir zunächst einander schräg gegenüber auf niedrigen Polstersesseln im Wohnzimmer, dann in seinem Arbeitszimmer, zwischen uns der Schreibtisch. Die Räumlichkeiten nennt er nicht nur seine Ferienwohnung, Israel ist aber auch nicht seine Heimat, seine Heimat ist Frankfurt. Ignatz Bubis, 66 Jahre alt, Beruf: Unternehmer, verheiratet mit Ida Bubis, eine schon erwachsene Tochter Naomi. Die Verhältnisse, aus denen der sehr erfolgreiche Geschäftsmann Bubis stammt, waren ganz und gar nicht luxuriös, sondern einfach. Geboren wurde er 1927 in Breslau als siebentes Kind, ein Nachzügler. Die Mutter stammte ursprünglich aus der Kleinstadt Deblin im damaligen Russisch-Polen, heute etwa eine Stunde Autofahrt süd-östlich von Warschau. Der Vater, gebürtiger Russe und wie die gesamte Familie jüdischen Glaubens, arbeitete als Beamter bei einer halbstaatlichen Schiffahrtsgesellschaft. Eine traditionsgebundene, fast orthodoxe jüdische Familie.

1935 ist Adolf Hitler bereits seit zwei Jahren Führer in Deutschland. Die Familie Bubis bleibt nicht länger im deutschen Breslau, man siedelt nach Deblin in Polen über, wo die Großeltern mütterlicherseits wohnen, die Familie rückt näher zusammen. In der Stadt voller polnischem Militär wähnt man sich sicher. Deblin besitzt den größten Militärflughafen Polens, eine Stadt mit Offiziersschule, dominiert von Soldaten, Standort des 15. Infanterie- und des 28. Artillerieregiments. Ignatz Bubis, der Jüngste, ist zu diesem Zeitpunkt acht Jahre alt, ein aufgeweckter Junge mit roten Löckchen, der gerne Fußball spielt und später einmal Jurist werden will. Hier in Deblin begegnet er auch einer vier Jahre jüngeren, entfernten Verwandten, die Ida heißt und ein rotes Mäntelchen trägt. Er wird sie viele Jahre später heiraten.

Kohn: Wir sitzen hier in Ihrer Ferienwohnung, sie ist luxuriös, verfügt über viel Kunst, man hat einen wunderschönen Blick auf Tel Aviv. Was bedeutet Ihnen das alles?

Bubis: Diese Wohnung habe ich von meinen Gesellschaftern praktisch geschenkt bekommen. Als ich das Hotel seinerzeit baute, haben wir nachträglich noch beantragt, eine

Etage für Suiten draufzusetzen. 1973, als wir dann die Genehmigung dafür bekamen – das Haus stand im Rohbau – begann in Israel der Oktoberkrieg. Ich bin dann während des Krieges hier rübergekommen. Das Hotel wurde aus Stahl gebaut, der Stahl kam aus Frankreich und lag im Hafen fest, man konnte ihn hier nicht weitertransportieren. Ich kam genau zwei Tage bevor der Waffenstillstand am 21. Oktober geschlossen wurde, nach Israel, der damalige amerikanische Unterhändler Henry Kissinger flog zwei Tage nach mir, am 21., ein. Das war übrigens die schlimmste Reise, die ich je in meinem Leben gemacht habe. Von Frankfurt aus gab es keine Maschine, ich bekam mit Glück und durch Beziehungen einen Platz von Zürich nach Tel Aviv. Und die zwei Passagiere, die mit mir in der gleichen Reihe saßen, waren Asher Ben Natan, der frühere erste Botschafter Israels in der Bundesrepublik, damals schon Botschafter in Paris, und seine Frau, die zur Beerdigung ihres Sohnes fuhren. Ihr Sohn war in den ersten Tagen des Oktoberkrieges gefallen. Sie flogen zu seiner Beerdigung, und wir saßen zu dritt in der gleichen Reihe, vier Stunden lang.

Ich habe mich dann die ganzen Monate danach in Tel Aviv um den Bau gekümmert. In Israel gab es zu dem Zeitpunkt keine Lastwagen, also habe ich einen Tieflader von Hamburg nach hier geschickt, damit weitergebaut werden konnte. Die Hauptgesellschafter waren sich nicht mehr so sicher, ob das Hotel noch eine Zukunft hatte, und sie wollten auch nicht noch eine weitere Etage mit Suiten bauen. Außerdem fehlte Geld wegen der gestiegenen Baukosten. Mein Partner Emilio Bruns aus Hamburg und ich halfen mit Darlehen aus der Patsche. Daraufhin hat man uns für unsere Leistungen gerade während des Krieges die oberste Etage des Rohbaus geschenkt, während wir auf einen Teil der Darlehen verzichtet haben. Damals war ich noch ein kleiner Gesellschafter, ich habe erst im Laufe der Zeit von den Mitgesellschaftern die Anteile erworben. Uns beiden, meinem Partner und mir, gehören heute je 40 Prozent, damals besaß er 25, ich 5. Jeder durfte den Innenausbau seines Appartements für sich selbst machen. Und da ich nun mal Kunst liebe, habe ich hier nach und nach Malerei und Skulpturen zusammengekauft, mittlerweile seit 15 Jahren. Das, was hier an Gewinn übrigbleibt, investiere ich in diese Kunst.

K.: Kehren wir doch zurück in Ihre Kindheit in Breslau und später in Deblin. Wie wohnten Sie, wie lebten Sie, als Sie klein waren?

B.: In sehr bescheidenen Verhältnissen. In Breslau hatte ich kein eigenes Zimmer, sondern teilte eins mit meinem älteren Bruder. Meine Schwester schlief bei den Eltern im Schlafzimmer. In Breslau gab es, wenn man die Wohnung betrat, eine kleine viereckige Diele, ein Schlafzimmer und ein Wohnzimmer. Das Wohnzimmer diente gleichzeitig als Speisezimmer. Ich kann mich nicht an die Größe der Räume erinnern, weil ich keine Vorstellung mehr davon habe. Sie sind die erste, die mich danach fragt, und ich habe nie darüber nachgedacht. Es gibt Dinge, die ich in meiner Erinnerung völlig ausgelöscht habe. Ich kann mich zum Beispiel nicht einmal mehr an die Straße in Zimpel erinnern, dem Stadtteil von Breslau, wo wir gewohnt hatten. Man muß sich Zimpel als eine Vorortsiedlung mit ein-, zwei-, dreigeschossigen Häusern vorstellen.

K.: Gab es, als Sie noch in Breslau lebten, für Sie dort einen Lieblingsort?

B.: Nein, nicht einmal eine Lieblingsecke. Wenn Sie so wollen, waren wir in Breslau eigentlich fremd. Meine Eltern lebten dort zwar 16 Jahre, von 1919 bis 1935, aber die Familie hatte nur einen ganz kleinen Freundeskreis. Wir lebten sehr isoliert, waren in Breslau als Juden fremd. Wir lebten zu Hause im eigenen Ghetto. Es existierte keine große Synagoge in Zimpel, nur ein einfacher Raum, wo 20,30 Leute und an Feiertagen bis zu 50 Personen hinkamen. An antisemitische Erfahrungen kann ich mich nicht erinnern, auch nicht während der ersten beiden Schuljahre. Es lebten nicht viele Juden in Breslau, der Ort, an dem wir wohnten, lag sehr abgeschieden.

Ich war acht Jahre alt, als wir aus Breslau weggingen nach Deblin in Polen. Ich habe schon manchmal versucht, an diese Zeit zurückzudenken, aber ich gebe es immer gleich wieder auf. Als ich 1985 oder 1986 zum ersten Mal wieder nach Polen kam, habe ich das Haus gesucht, in dem wir nach unserem Umzug nach Deblin gewohnt haben. Es steht noch. Dieses Haus wie auch das Haus meines Großvaters war in der Erinnerung viel größer, viel schöner, eben, weil ich damals klein war. Deshalb ist die Wohnung, wenn ich sie heute beschreiben soll, sicher in der Erinnerung viel größer und viel schöner, als sie jemals in Wirklichkeit war.

Wo ich gerade vom Gedächtnis spreche: Mir ist vor kurzem etwas Interessantes passiert, das mir keine Ruhe läßt. Bei mir hat sich eine Frau aus der Nähe von Stuttgart gemeldet, die mir schrieb, sie heiße ebenfalls Bubis, und sie könne sich erinnern, daß ihr Großvater, der in Rußland gelebt hatte, Itzhak Bubis hieß und 1880 geboren worden war. Sie wisse, daß fast die gesamte Verwandtschaft nach Polen gegangen sei, und sie wollte wissen, ob wir in irgendeiner Form verwandt sein könnten. Ich habe ihr zurückgeschrieben, daß mein Vater, bevor er nach Breslau zog, in Witebsk gewohnt hatte. (Gebietshauptstadt in der weißrussischen Republik, an der Düna, E. K.) Meine Schwester Hadassa, die 1918 zur Welt kam, war noch dort in Witebsk geboren. Dann sind meine Eltern, wahrscheinlich 1919, auf jeden Fall gleich nach dem Ersten Weltkrieg, nach Deutschland und von Deutschland 1935 nach Polen übergesiedelt.

Mein Vater ist 1883 geboren, er hatte noch einen älteren Bruder, der in Krementchuck lebte. Nun kann ich mich plötzlich an den Namen des Bruders meines Vaters nicht mehr erinnern. Noch vor 6 Wochen hätte ich Ihnen sagen können, wie er hieß, ich hatte ihn nie vergessen. Aber seit ich diesen Brief der Frau aus Stuttgart gelesen habe, ist mir der Name nicht mehr eingefallen. Ich denke seit vier Wochen darüber nach, wie er hieß, ich komme nicht drauf. Also ich habe 57 Jahre seinen Vornamen gewußt, 57 Jahre lang, und nun ist er wie ausgelöscht. Auf jeden Fall hieß er nicht Itzhak. Ich habe dann der Frau ausführlich geschrieben, z. B. daß meine Schwester noch in Witebsk geboren worden sei. Ich habe ihr auch geschrieben, daß ich mich an den Namen des Bruders meines Vaters plötzlich nicht mehr erinnern könne.

Mir ist er inzwischen wieder eingefallen, er lautete David. David und mein Vater waren die zwei einzigen Kinder aus der ersten Ehe meines Großvaters. Mein Vater ist mit diesem Bruder damals von Litauen weg nach Rußland, als mein Großvater noch mal geheiratet hat. Mein Vater hieß mit Vornamen Jehoshua Josef, und er ist 1883 geboren worden, also drei Jahre später als dieser Itzhak, dann kann dieser Itzhak nur aus der gleichen ersten Ehe gewesen sein. Doch aus dieser ersten Ehe gab es nur noch einen Bruder, David. Er ist in Rußland geblieben, und wir haben seit 1935, als die große Säuberung in Rußland war, nichts mehr von ihm gehört.

K.: Was bedeutet Verwandtschaft für Sie, hätten Sie sich gefreut, wenn die Frau eine Verwandte gewesen wäre?

B.: Ja, natürlich. Solche Erlebnisse wie das mit dieser Frau aus Stuttgart sind aber für mich nichts Neues, denn ich habe z. B. auch schon hier in Israel durch Zufall einen Namensvetter aus Südamerika getroffen, als ich im Hilton wohnte. Der andere bekam alle meine Anrufe! Dann hat er festgestellt, daß im Hotel noch ein Bubis existierte, und so haben wir uns ausgesprochen – keine Verwandtschaft. Dann gab es noch mal einen Bubis in einem Hotel in Cannes. Ich hatte telefonisch ein Zimmer auf den Namen Bubis bestellt und es sofort bekommen, obwohl das Hotel eigentlich ausgebucht war. Als ich hinkam, war bei denen die Enttäuschung groß, es stand nicht der Bubis vor ihnen, den sie erwartet hatten. Ich weiß gar nicht mal, woher der andere kam, ich glaube, er stammte aus Südamerika.

Auch hier in Israel gibt es einen Bubis. Er ist Anästhesiearzt, und wir haben uns auch schon einmal gesprochen – auch kein Verwandter. In Frankfurt lebt ebenfalls ein Bubis, er stammt aus Rumänien – kein Verwandter. Wenn mir das mit dem Brief aus Stuttgart vor zwanzig, fünfundzwanzig Jahren passiert wäre, hätte ich gesagt, es kann nur ein Verwandter sein, es gibt sonst keine Bubis, weil es ein so seltener Name ist.

Das einzige, was auf Verwandtschaft hingedeutet hat, ist Rußland gewesen. Der Bruder meines Vaters hat auf jeden Fall, zumindest bis 1935 in Krementschug in der Ukraine gelebt. Ich erwähne die Geschichte überhaupt nur, weil ich mich an solche Dinge ebenso schlecht erinnern kann wie an unsere Wohnung in Breslau. Ich glaube, wir hatten zwei Betten mit Nachtschränkchen, keine Zentralheizung, sondern Ofenheizung, das weiß ich noch. Die Kohle wurde aus dem Keller geschleppt, der Keller hatte ein Kohlenfenster, durch das die Kohle von außen reingeschüttet wurde. Von innen hatte das Fenster ein Eisengitter. Mein Lieblingsgericht waren Kartoffeln mit saurer Milch, heute nennt man es Joghurt. Wir haben noch die frische Milch selber in Gläser getan. Fleisch gab es am Sabbat, und wenn vom Sabbat etwas übriggeblieben war, noch am Sonntag, aber während der Woche nur bei Gelegenheit.

Mein Vater war schon in Breslau bei einer Schiffahrtsgesellschaft an der Elbe beschäftigt. Meine Mutter, sie hieß Hannah mit Vornamen, war immer zu Hause. Sie ist nicht einmal, außer zum Einkaufen auf den Markt, in Geschäfte gegangen. Sie hat das Haus eigentlich nur für die Synagoge verlassen. Sie lebte sehr zurückgezogen, hatte die deutsche Sprache nie richtig gelernt. Sie kam aus Deblin, wo wir 1935 hingezogen sind. Sie hat sich nie die Mühe gemacht, Deutsch zu erlernen. Sie sprach Russisch, sie sprach Jiddisch, und wegen des Jiddischen konnte sie sich in Breslau auf Deutsch verständigen. Als wir nach Polen gegangen sind, hat sie auch nie versucht, die polnische Sprache zu erlernen. Sie war noch sehr jung, als mein Vater sie geheiratet hat, und ich glaube, sie hatte keine besondere Ausbildung.

Meine Mutter war eine verbrauchte Frau. Sie starb früh. Meine Mutter hat die Wäsche selber gewaschen, sie hat alles

Mutter mit Ignatz, Chil und Hadassa

selbst erledigt. Sie war Putzfrau, sie war Hausfrau, sie hat nur fürs Haus gelebt. Auf diesem Foto ist sie, glaube ich, 48 Jahre alt. Meine Schwester Hadassa wäre demnach 16, ich 8 und mein Bruder Chil schon 20 Jahre alt. Meine Mutter war eine richtige jiddische Mamme, besitzergreifend, aber mit allen Freiheiten. Sie war eher mürrisch, ich habe sie fast nie lachen sehen. Allerdings war sie niemals depressiv, sondern eher versunken, für sich, meist ins Gebet vertieft. Es gab keine Freundinnen, mit denen sie stundenlang geredet hätte. Sie hat immer den Fußboden selbst geschrubbt, sie war übrigens sehr klein. Es hieß, daß sie noch eine Stunde bevor ich auf die Welt kam, den Fußboden geschrubbt hat. Körperlich liebevoll war sie, ja, aber nicht übertrieben.

Beide Eltern waren sehr gütig. Dennoch gab, so erinnere ich mich, mein Vater, besonders aber meine Mutter, bei Streitereien mit anderen Kindern immer den anderen recht, niemals mir, das war normal. Ich hatte mal einem Jungen einen Tritt gegeben in der Schule, so daß er danach zum Arzt gehen mußte, aber ich habe mich im Recht gefühlt. Doch für meine Mutter hatte grundsätzlich der andere recht.

Zu Hause dagegen waren meine Eltern überhaupt nicht streng, dort wurden Regelverletzungen eher übersehen. Einmal wollte ich samstags Fußball spielen gehen, also am Sabbat. Ich hatte den Ball zuvor mit nach Hause genommen und im Kachelofen versteckt. Als ich ihn rausholen wollte, war er plötzlich weg. Ich konnte nun schlecht danach fragen, weil ich ja nicht sagen konnte, ich will am Sabbat Fußball spielen gehen. Als ich abends nach Hause kam, lag der Ball aber wieder da.

K.: War Ihre Familie sehr orthodox, sehr religiös?

B.: Meine Mutter war sehr religiös, mein Vater hielt sich eher der Mutter zuliebe an die religiösen Regeln. Wenn ich mir die heutigen Orthodoxen anschaue, dann war mein Vater sehr orthodox, obwohl er sich selbst nicht so verstand. Er ging nie aus dem Haus, ohne vorher die Gebetsriemen anzulegen, und er ist nie ausgegangen ohne Gebet. Ich kann mich nicht erinnern, daß wir mal am Freitagabend oder Samstag nicht in der Synagoge waren, das war alles selbstverständlich. Alle Feiertage sowieso.

Mein ältester Bruder Jakob sieht meinem Vater sehr ähnlich. Mein Vater hatte nur ein etwas volleres Gesicht, und er trug einen Bart, aber einen gestutzten. Er trug keine Schläfenlocken. Ich glaube, mein Vater war ein sehr emotionaler Mensch, eher ein weicher Typ. Mein Großvater, der Vater meiner Mutter, führte in Deblin ein Geschäft für Galanteriewaren, ein Kurzwarengeschäft. Er ging morgens in die Synagoge und dann ins Geschäft. Er schloß auf, und wenn er meinte, daß er genügend Einnahmen zum Lebensunterhalt für diesen Tag gemacht hätte, schloß er den Laden ab, um wieder in die Synagoge zu gehen, oder meine Großmutter blieb manchmal im Laden. Er arbeitete nur so viel wie unbedingt für den Lebensunterhalt nötig, ansonsten betete er. In gewisser Weise war meine Mutter genauso. Ich hing sehr an beiden Eltern, vielleicht etwas mehr am Vater als an der Mutter.

Als ich zur Welt kam, war meine Mutter schon vierzig Jahre alt. Über ihre Kindheit weiß ich gar nichts. Sie muß eine Schule besucht haben, sonst hätte sie nicht Russisch und Jiddisch schreiben und lesen können. Ich habe immer die Handschrift meines Vaters bewundert, sie war wie gestochen. Er war mein Vorbild. Wir besaßen eine kleine Bibliothek, fast ausschließlich aus russischen Büchern, etwa zwanzig bis dreißig Exemplaren, außerdem einigen jiddischen Werken, deutschen kaum. Mein Vater las Russisch. Sein Lieblingsbuch war »Der stille Don« von Scholochow. Wenn er mit dem letzten Buch fertig war, fing er beim ersten wieder an. Die Familie bestand zu diesem Zeitpunkt aus uns drei Kindern, meiner Mutter und meinem Vater. Mein ältester Bruder Jakob, 1906 geboren, war also 21 Jahre älter als ich, schon verheiratet und von zu Hause weg. Drei meiner Geschwister habe ich gar nicht gekannt, sie waren schon gestorben, bevor ich zur Welt kam. Meine nächstältere Schwester ist 1918 geboren, also neun Jahre vor mir. Mein Bruder Chil, geboren 1914, ist 1935 mit 21 Jahren an Blinddarmvereiterung gestorben. Bei Kriegsausbruch hatte ich noch eine Schwester, Hadassa, und den ältesten Bruder, Jakob, der ein Jahr vor meiner Geburt geheiratet hatte.

Jakob und Hadassa sind 1939 aus den deutsch-besetzten in die russisch-besetzten polnischen Gebiete geflohen. Sie mußten sich dort entscheiden, ob sie die sowjetische Staatsbürgerschaft annehmen oder zurück in das von Deutschen besetzte Polen wollten. Wer sich weigerte, sowjetischer Staatsbürger zu werden, wurde nach Sibirien verschickt – und überlebte. Diejenigen, die wie meine Geschwister die sowjetische Staatsbürgerschaft angenommen haben, durften bleiben. Im Juni '41 marschierten die Deutschen in Rußland ein. Danach haben wir von den beiden nur noch eine Postkarte bekommen und dann nichts mehr, die Karte kam von meiner Schwester, nicht vom Bruder.

K.: Wie haben die Eltern 1933 in Breslau über die Machtergreifung Hitlers gedacht?

B.: Mein Vater war, wenn Sie so wollen, ein Linker, und meine Geschwister, soweit man das in diesem Alter sein kann, waren auch links eingestellt. Mein Vater war zwar kein Kommunist, er war ja vor den Kommunisten aus der Sowjetunion geflüchtet, aber außer meiner Mutter waren nahezu alle in der Familie sozialistisch eingestellt. Mein ältester Bruder Jakob galt als der Kommunist. Als Hitler an der Macht war, wurde ich langsam darauf vorbereitet, daß wir aus Breslau

Vater Bubis

Jakob Bubis, der Älteste

weggehen würden, zu den Großeltern nach Deblin. Die Arbeitsstelle wurde unsicher, mein Vater hatte Angst vor Arbeitslosigkeit. Dann schrieben die Großeltern, und wir zogen los. Mein Vater bekam sofort Arbeit, wieder bei einer Schiffahrtsgesellschaft, der Großvater hatte die Stelle besorgt. Der Aufbruch ging ganz schnell, wir fuhren mit dem Zug hin, den Großteil des Inventars nahmen wir mit, allerdings keine Möbel. Wir haben auch keine wertvollen Möbel gehabt, für die sich das Mitnehmen gelohnt hätte.

K.: Was wurde in Deblin, im Kreise der Familie, über Hitler-Deutschland gesprochen?

B.: Meine Geschwister haben alle darüber diskutiert, aber mich hat das eigentlich überhaupt noch nicht interessiert. Erst kurz bevor der Krieg begann, 1939, als ich 12 war, fing ich an, mich für Politik zu interessieren. Zum Beispiel ging es ums Sudetenland, die Polen wollten ja auch einen Teil von den Tschechen haben. Aus dieser Zeit kann ich mich noch an Sprüche erinnern wie: »Von Saufen kriegt man rote Nasen und von Essen Krupps Kanonen.« In der Schule hat man gesagt: »Na laß sie nur kommen die Preußen« – es hieß nicht die Deutschen, sondern die Preußen, »Laß sie nur kommen, die werden gebührend empfangen.« Ich war ängstlicher als meine Mitschüler. Vielleicht auch deshalb, weil unser Lebensstandard in Polen doch ein bißchen abgesunken war. In Breslau hatten wir zu fünft drei Zimmer, wenn auch kleine, in Polen hatten wir nur noch zwei Zimmer.
Die Großeltern besaßen ihre eigene Wohnung, nicht weit weg von uns. Der ganze Ort war sehr klein. In der ersten Wohnung waren wir nur kurze Zeit, dann sind wir in eine andere Wohnung umgezogen, die näher zur Weichsel lag. Mein Vater ist drei, vier Kilometer mit dem Fahrrad zur Arbeit gefahren. Als wir in diese neue Wohnung gezogen sind, hat der Va-

ter schon ein bißchen mehr verdient. Jetzt waren wir nur noch zu viert, mein Bruder Chil war gestorben. Und nicht zuletzt aus diesem Grund wollten meine Eltern aus der ersten Wohnung heraus.

Chil war mit einer Blinddarmentzündung ins Krankenhaus eingeliefert worden. Ich habe ihn danach bis zu seinem Tod nicht mehr wiedergesehen. Deblin verfügte nicht über ein Krankenhaus, deshalb wurde er ins Kreiskrankenhaus gebracht, 22 Kilometer entfernt, nach Pulawy. Daß das Krankenhaus 22 Kilometer entfernt war, weiß ich noch genau, und ich weiß eben auch noch den Namen des Ortes. Manches bleibt einem ewig im Kopf hängen, und manches kriegt man einfach nicht zusammen. Mein Vater ist täglich zu Chil ins Krankenhaus gefahren, weil Pulawy an der Weichsel lag. So konnte er mit dem Dampfer hinfahren. Es gab die Schifffahrtsgesellschaft, die morgens einen Dampfer von Warschau nach Sandomir schickte, das war die Endstation. Der nächste Ort nach Deblin, an dem er hielt, war Pulawy. Am späten Nachmittag kam ein Dampfer zurück von Pulawy über Deblin nach Warschau. Zwischen der Ankunft in Deblin und der Wiederaufnahme seiner Arbeit pflegte mein Vater immer nach Hause zu kommen. Es hat ein bißchen gedauert, bis er kam, wegen der Abrechnung der verkauften Tickets und der Waren, die ja auch mit diesem Dampfer kamen. Während Chils Krankenhausaufenthalt war es für ihn bequem, daß er mit dem Dampfer hinfahren konnte und mit ihm zurückkam.

Die ersten drei Tage ging's meinem Bruder blendend, dann entstand plötzlich eine Vereiterung, und es ging ihm schlechter. Nach einer Woche bereits ist er gestorben. Er wurde von Pulawy aus nach Deblin überführt und liegt dort auf dem Friedhof.

Dabei fällt mir ein, daß ich eigentlich einen Fehler gemacht habe. Denn ich habe auf dem Friedhof in Deblin 1986 zwar

Ignatz Bubis vor dem Gedenkstein für seine Mutter
auf dem Debliner Friedhof

einen Stein gesetzt, aber eigenartigerweise nur den Namen meiner Mutter einmeißeln lassen, obwohl auch mein Bruder Chil dort beerdigt ist, beide Großeltern mütterlicherseits und mein Großvater väterlicherseits, er kam während des Krieges zu uns. Obwohl sie alle dort bestattet sind, habe ich, als ich den Stein aufstellen ließ, nur an meine Mutter gedacht. Auf dem Stein steht, daß er von mir gesetzt ist, zur Erinnerung an meine Mutter.

K.: Werden Sie die Inschrift auf dem Grabstein nachträglich ändern und die Namen Ihres Bruders, Ihrer Großeltern einfügen lassen?

B.: Nein, ich werde noch einen Gedenkstein setzen lassen. Ich will den ersten Stein nicht verändern, auch nicht statt dessen einen anderen Stein nehmen. Wenn man einmal einen Stein hingestellt hat, bleibt er stehen.

K.: Haben Sie an Ihren Geschwistern sehr gehangen?

B.: An meinem ältesten Bruder Jakob schon. Zu meiner Schwester war das Verhältnis ebenfalls gut. Das hing auch ein bißchen damit zusammen, daß im Freundeskreis meiner Schwester gleichaltrige Spielkameraden waren. Mein Bruder Jakob und meine Schwester Hadassa galten als Intellektuelle. Der verstorbene Chil war Maler, Anstreicher, er wollte einen Handwerksberuf erlernen. Ich hatte eigentlich zu ihm kaum ein Verhältnis, er pflegte einen ganz anderen Freundeskreis.

Ein viel besseres, aber einseitiges Bewunderungsverhältnis hatte ich zu meinem ältesten Bruder Jakob, er war Chefbuchhalter in Warschau. Gleichzeitig las er russische Dichter im Original und übersetzte sie in seiner Freizeit ins Polnische und ins Deutsche. In meiner Erinnerung ist er ein Superhirn, eine Intelligenzbestie. Ich weiß noch, als im ersten Teil des befreiten Polens noch in der letzten Phase des Krieges die Lubliner Regierung gebildet wurde, sagte meine ganze Verwandtschaft immer, dein Bruder wäre heute Minister. Auch mein Vater war hochintelligent, man hatte ihn unter Wert beschäftigt. Mein Vater war aber damals froh, daß er in Deblin überhaupt einen Job bekommen hatte.

Ich bin in Deblin wieder zur Schule gegangen und hatte ein bißchen Probleme mit der polnischen Sprache. Das heißt, ich verstand ein wenig russisch, weil meine Eltern sich immer miteinander auf russisch unterhielten, aber richtig gesprochen habe ich Jiddisch. Jiddisch schreiben und lesen gelernt habe ich bereits, als ich drei Jahre alt war. Außerdem ging ich in eine Judenschule, dort lernte ich schon die Bibel und das Abc auf jiddisch, nicht auf deutsch. So habe ich früher Jiddisch geschrieben und gesprochen als Deutsch. Deutsch schreiben habe ich mit fünf Jahren angefangen zu lernen, meine Schwester hat es mir beigebracht. Sie hat mit mir zu Hause geübt. Die Mutter und der Vater haben mit mir normalerweise Jiddisch gesprochen, nur ganz selten ein Mal Deutsch. Die eigentliche Sprache zu Hause war Jiddisch.

K.: Das klingt nach einer eher gebrochenen familiären Identität?

B.: Ja. Ich habe mit meiner Tochter deshalb von Anfang an nie anders als Deutsch gesprochen, obwohl ich nun weiß Gott auch andere Sprachen spreche. Meine Frau hat mit meiner Tochter von Anfang an Französisch gesprochen, damit sie zweisprachig aufwächst, denn in Paris wohnen Verwandte, etwa eine Cousine im gleichen Alter. Aber wir haben zum Beispiel nie mit unserer Tochter, obwohl meine Frau aus Polen stammt, Polnisch oder Jiddisch gesprochen.

K.: Wurde denn, bevor Sie 1939 ins Ghetto ziehen mußten, zu Hause über Emigration gesprochen?

B.: Überhaupt nicht, das war alles Schicksal, man war gottergeben, Gott wird's richten. Das galt besonders für meine Mutter. Ein herzkranker, jüdischer Freund aus Frankfurt ist dieser Tage gestorben, weil er sich aus fast abergläubischen Gründen nicht am Herzen operieren lassen wollte. Ich garantiere Ihnen, meine Mutter hätte auch gesagt: »Am Kopf, am Herzen wird nicht operiert.«

K.: Sind denn nach dem Einmarsch der Deutschen aus Deblin keine Leute weggegangen?

B.: Vor und selbst während des Krieges sind einige Debliner in die Großstadt gegangen, aber nicht weiter weg. Wo sollte man hin? Nach Rußland flohen viele gleich 1939, manche sind von dort auch zurückgekommen. Das Weggehen war natürlich auch eine Frage des Geldes. Vielleicht hätten wir sogar etwas Geld gehabt, aber wir hätten garantiert keine Tikkets in die USA bezahlen können. Wobei ich nicht einmal weiß, ob meine Eltern, selbst wenn sie das Geld für die Tikkets gehabt hätten, ausgewandert wären.

K.: Haben Sie in Ihrer Kindheit in der Familie koscher gelebt?

B.: Natürlich, streng koscher und gleichzeitig, das ist interessant, bin ich ohne Hut, ohne Kopfbedeckung, rumgelaufen, natürlich nicht in die Synagoge. Ich hatte so eine Mütze, aber ich bin schon ab und zu ohne Kopfbedeckung gelaufen, hatte dabei aber oft ein schlechtes Gewissen. Fromm bedeutete für uns morgens und abends zu Hause beten, Freitagabend in der Synagoge. Samstag in die Synagoge gehen, feiertags in die Synagoge gehen, samstags nicht schreiben, nicht in die Schule gehen. Ohnehin ging ich nur vormittags in die Schule, und nachmittags besuchte ich die Judenschule. Ich betete vorher zu Hause. Ich habe an Gott geglaubt und tue es auch heute noch, so etwas kann man nie ganz abstreifen. Bei uns hieß es immer, Gott lenkt alles, und Fragen durfte man nicht stellen.

K.: Sie gingen in Deblin gern in die Schule?

B.: Ja, es waren wenige Schüler dort, Deblin war ja ein kleiner Ort, und es gab mehrere Schulen. Ich schätze, daß es in meiner Klasse vielleicht 15 bis 20 Schüler gab. Erinnern kann ich mich nur an ganz wenige, eigenartigerweise hauptsächlich an Nicht-Juden. Dabei bestand die Klasse zur Hälfte aus Juden, fast fünfzig Prozent der Bevölkerung von Deblin war jüdisch. Ich kann mich nur an zwei jüdische Mitschülerinnen erinnern, die eine lebt jetzt in Israel, die andere lebt in Amerika. Aber an die christlichen Mitschüler kann ich mich viel besser erinnern. Zwei habe ich wiedergetroffen. Der eine ist jetzt Bauingenieur in Warschau, und der andere arbeitet in einem Krankenhaus in Polen, aber nicht als Arzt. Beide habe ich besucht, mit beiden war ich damals befreundet. Ich weiß auch nicht, wieso ich mit denen mehr zu tun hatte als mit anderen. Als ich zum Beispiel den einen wiedertraf, hat er nicht einmal gewußt, daß ich aus Breslau stammte. Für ihn war es so, als ob ich immer in Deblin gelebt hätte.
In Deblin kam ich also in eine Schule, und nach drei Monaten hatte ich überhaupt keine Probleme mehr mit der Sprache. Nun spreche ich, wie Sie vielleicht festgestellt haben, Hebräisch, ich hab's nie systematisch gelernt. Es liegt daran, daß ich sehr leicht lerne, und zwar nach Gehör, das war immer so. Ich hatte als Schüler überhaupt keine oder ganz selten eine Note unter 1, egal, ob in Breslau oder Deblin, ich war ein erstklassiger Schüler. Wenn ich nach Hause kam, hatte ich die Schulaufgaben schon hinter mich gebracht, meistens

habe ich sie während der Pausen gemacht oder in der darauf-
folgenden Unterrichtsstunde. Zeichnen allerdings konnte
ich überhaupt nicht, Singen überhaupt nicht, Noten lesen
überhaupt nicht, in diesen Fächern habe ich immer Gnaden-
noten bekommen. Ich war auch kein guter Sportler. Einen
Kopfstand beispielsweise konnte ich nie machen, weil mir
dabei immer gleich schwindlig wurde.

Für mich war die Schule so etwas wie ein mittlerer Spaziergang, oder sogar ein leichter Spaziergang. Ich war immer etwas der Zeit voraus, bei mir haben alle abgeschrieben. Ich
war die ersten Jahre ein bißchen ein Fremder, und wenn man
sich da gutstellen will, läßt man eben abschreiben. An manches erinnere ich mich noch. Zum Beispiel an eine jüdische
Schülerin. Ich hatte sie mit meinen Leistungen rasch einge-
holt und überholt. Als ich mit der Schule fertig war, fehlte ihr
noch ein Jahr, dabei war sie ein Jahr älter als ich. Einmal hat
der Lehrer gefragt, wie denn ein Rabe aussehe, und dann hat
sie ihn beschrieben. Sie sagte, sie habe einmal einen Raben
gesehen, »er stand auf einem Schwein«. Das ist 50 Jahre her,
mehr, 55 Jahre her, aber das weiß ich noch. Ansonsten kann
ich mich kaum an Einzelheiten erinnern, nur, daß der Rabe
auf dem Schwein stand. Ich habe damals herzlich gelacht,
und deshalb ist es wahrscheinlich hängengeblieben.

Die zweite Schule, die ich nach unserem Umzug innerhalb
Deblins besuchte, befand sich im Erdgeschoß, und wir
wohnten im ersten Obergeschoß über der Schule. 1936 war
ich schon in der dritten Klasse. Ich blieb an dieser Schule
noch drei Jahre. Als ich viel später das Haus wiedergesehen
habe, habe ich mich gefragt, wo die sechs Klassen denn untergebracht gewesen sein mochten. Jedenfalls wohnten wir
im ersten Stock, und ich bin immer erst aus dem Bett, wenn
das erste Klingeln losging.

1939 ist der Krieg ausgebrochen, am 1. September war der erste
Tag für mich im Gymnasium. Wir waren einen Tag dort,

Das Elternhaus in Deblin, bis zur Ghettobildung auch das
Schulhaus, in dem Ignatz Bubis zur Schule ging

eben an jenem 1. September 1939, dann wurden wir nach Hause geschickt. In Polen gab es in der Volksschule sechs Klassen, danach mußte man eine Prüfung machen und konnte
dann aufs Gymnasium. Die Prüfung hatte ich glänzend be-
standen. Nach vier Jahren Gymnasium hätte ich die kleine
Matura und nach zwei weiteren Jahren die große Matura erreicht gehabt. Latein hätte ich in den letzten beiden Jahren
gelernt. Ich hatte nicht Deutsch, sondern Französisch als
Fremdsprache ausgesucht. An das Schulsystem in Deutschland, in Breslau, erinnere ich mich überhaupt nicht mehr.
Meine Eltern haben immer erwartet, daß ich in der Schule
der Beste bin. Es hat sie nie interessiert, ob ich gut oder
schlecht Fußball spiele, sie wollten, daß ich in der Schule der
Beste bin. Daher hat meine Mutter gute Leistungen als völlig
selbstverständlich hingenommen. Sie hätten meine Mutter

fragen können, wie denn ihr Junge in der Schule sei, sie hätte wahrscheinlich geantwortet: »ein durchschnittliches jüdisches Kind, ein Genie«.

Ich war eigentlich vorgesehen fürs Studium. Nach unserem Umzug innerhalb von Deblin teilten wir eine Etage mit meinem Mathelehrer. Er beschwerte sich immer bei meinem Vater, daß ich zu vorlaut wäre. Bevor er im Unterricht die Frage zu Ende stellte, würde ich mich bereits mit dem Ergebnis melden. Das würde die anderen Schüler irritieren, die wüßten noch gar nicht, was gefragt würde, und ich gäbe ihm immer schon die Antwort. Diese Unart, jemanden nicht ausreden zu lassen, habe ich teilweise heute noch.

K.: Haben denn die Großeltern für Ihre Familie eine wichtige Rolle gespielt?

B.: Nein, überhaupt nicht. Zu den Großeltern hatte ich nur freitags und an Samstagen Kontakt. An diesen Tagen sahen wir uns, denn wir gingen in die gleiche Synagoge wie sie. Synagoge ist auch wieder übertrieben, es war mehr ein Stübel. Danach haben wir immer die Großeltern oder andere Verwandte besucht. Wir wurden ein bißchen herumgereicht, die anderen waren schon die Alteingesessenen, uns ging es eben nicht so gut. Auch finanziell, mein Vater hat nur ein Minimum verdient, sein Posten war eine Art Gnadenstelle.

Bei den Großeltern war für uns kein Platz. Bei ihnen wohnte noch mein Onkel, der Bruder meiner Mutter, der bis nach dem Zweiten Weltkrieg nie aus Polen weggegangen ist. Danach, im Mai 1953, als ich in Paris im Restaurant Eden, einer großen koscheren Lokalität, nach alter Tradition geheiratet habe, war er derjenige, der zur Hochzeit eingeladen hatte. Er nahm sozusagen bei mir die Vaterstelle ein, ohne daß ich besonders an ihm gehangen hätte. Aber er war eben der einzige

Deblin heute

Ignatz Bubis und Ida Bubis frisch vermählt, rechts hinter I. B. der
Onkel, Bruder der Mutter

Verwandte, der sich um mich kümmerte. Zu diesem Zeitpunkt lebte er bereits in den USA.

K.: Ich würde Sie jetzt gern fragen, wie es kam, daß Ihre Mutter krank wurde und starb. Wie alt waren Sie damals?

B.: Das war schon während des Krieges, Anfang 1940, aber noch vor dem Ghetto. Ich war 13 Jahre alt. Wir lebten noch in unserer Wohnung. Es war die Zeit, als ich noch davon träumte, Anwalt zu werden, weil meine Schwester in einer Anwaltskanzlei gearbeitet hat. Bei ärztlichen Untersuchungen stellte sich heraus, daß meine Mutter an Brustkrebs litt. Sie wurde in Warschau operiert, eine Amputation. Danach ging es ein paar Monate gut. Als es wieder anfing, fuhr sie nochmals nach Warschau, kam zurück und starb dann im Dezember 1940, am 3. Tag Chanukka (Lichterfest zur Erinnerung an den Tropfen Öl, der während der Verteidigung des zweiten Tempels gegen die Griechen 165 v. Chr. acht Tage brannte). Für mich war das sehr schlimm.
Die Nacht, in der sie starb, lag ich im Bett daneben. Sie starb zu Hause, es war schrecklich. Sie hatte schreckliche Schmerzen, schreckliche Schmerzen. Wir waren zu dritt im Schlafzimmer mit meinem Vater. Abends habe ich gebetet, ich möchte ihr fünf Jahre meines Lebens schenken – wie man das so denkt als Kind. An die Beerdigung kann ich mich noch genau erinnern, aber die genaue Stelle auf dem Friedhof erinnere ich nicht mehr. An die Beerdigung des Großvaters, der Großmutter, des anderen Großvaters kann ich mich nicht erinnern, auch nicht an die meines Bruders, die alle auf dem gleichen Friedhof begraben sind, nur an die Beerdigung meiner Mutter. Vielleicht war das der Grund, warum ich auf den Stein nur den Namen meiner Mutter habe einmeißeln lassen. Von ihrer Beerdigung erinnere ich, daß ich den ersten Sand hinuntergeworfen habe, ins Grab auf den Sarg.

Dann wurde im Februar in Deblin das Ghetto eingerichtet, und wir mußten hinziehen. Im Ghetto waren wir in einem Zimmer, Vater, Großvater und ich. Großvater kam nach, als wir schon drin waren. Mein Vater hatte jetzt mehrere Rollen zugleich zu übernehmen, er war Vater und Mutter für mich – und Sohn für den Großvater. Mein Vater ist unter dieser Last nicht zusammengebrochen, was dann folgte ging ja Schlag auf Schlag.

K.: Wenn Sie vom Tod Ihrer Mutter sprechen, fällt mir auf, daß mir die Tränen in die Augen steigen, Ihnen aber nicht ...

B.: Ich weiß nicht ... Als ich nach dem Krieg geheiratet habe, wollte meine Schwiegermutter, daß ich sie mit Mutter anspreche, das konnte ich nie. Sie hat es mir nur einmal gesagt und dann auch nie wieder. Es gibt ein Lied, »Meine jiddische Mamme«, ich mußte immer weinen bei diesem Lied, egal wie. Ich mußte immer an meine Mutter denken. Seit ich den Stein auf den Friedhof von Deblin gestellt habe, habe ich eigentlich nicht mehr um meine Mutter geweint, außer bei Totengedenken in der Synagoge und seit dem Stein genaugenommen auch dann nicht mehr. Er war eine Art symbolischer Abschluß. Als er gesetzt war, kam ich mir vor, als hätte ich meine Pflicht erfüllt und müßte nicht mehr dieses schlechte Gewissen haben, denn ich habe immer ein schlechtes Gewissen gehabt. Habe ich meine Mutter richtig behandelt? Und seit meinem Besuch im ehemaligen Vernichtungslager Treblinka vor drei Jahren, wo mein Vater von den Nazis ermordet worden ist, seit diesem ersten Mal in Treblinka, als ich Eimer voll geheult habe, habe ich eigentlich auch um meinen Vater nicht mehr geweint.
Vor einigen Wochen wurde der evangelische Militärbischof in Bonn verabschiedet. Der Kanzler hat gesprochen, es gab verschiedene Redner, und dann hat er selbst gesprochen. Er

hat so ein bißchen mit Humor gesagt, wenn seine Eltern das noch erlebt hätten, wie er heute hier gelobt wurde, den Vater hätt's gefreut, die Mutter hätt's sogar geglaubt. Da mußte ich an meine Eltern denken, daß sie eigentlich die Freude an Ihrem Sohn nicht mehr erlebt haben.

K.: Und Ihren späteren Erfolg!

B.: Ja.

Das Ghetto in Deblin
und die Lagerjahre 1940-1945

Ignatz Bubis hält sich anläßlich des ersten Treffens des European Jewish Congress in Warschau auf. Unter anderem soll der fünfzigste Jahrestag des Aufstandes im Warschauer Ghetto vorbereitet werden. An einem sitzungsfreien Nachmittag darf ich Ignatz Bubis nach Deblin begleiten, an den Ort, an dem er im Ghetto und im Lager war. Die Straßen, die durch die Dörfer führen, sind dick vereist, Menschen schlittern mühsam über die Gehwege.

Deblin/Polen im Januar 1993. Der kleine Friedhof liegt fünf Kilometer außerhalb des Ortes, den man im Polnischen Demblin ausspricht. Fünf Kilometer, die im September 1942 eine Gruppe von Juden mehrmals gehen mußte, um die Leichen von 300 Erschossenen bestatten zu können. Ignatz Bubis hat ihnen auf dem jüdischen Friedhof, an der Stelle, wo das Massengrab gefunden wurde, einen Gedenkstein gesetzt. Es wurde bei Aufräumarbeiten entdeckt, die die Jüdische Gemeinde Warschau im Auftrag von Ignatz Bubis 1985 hat durchführen lassen. Den Stein zum Gedenken an seine Mutter sieht man schon von weitem, ein übermannshoher, gehauener Granit mit einer Inschrift, die an die jüdische Gemeinschaft in Deblin erinnert. Der Friedhof selbst ist an diesem Januartag zugefroren, Eisschichten bedecken auch den Stein zur Erinnerung an das Massengrab, die Inschrift ist kaum zu lesen. Vielleicht 50 Meter ist das Gelände lang und etwa 25 Meter breit, eine Grasfläche, nur notdürftig eingezäunt. Die kleinen Sträucher, die eine natürliche Begrenzung bieten sollen, wachsen bei diesem rauhen Klima nur spärlich.

Der jüdische Friedhof Deblins heute

Der Friedhof hat die Form eines auf den Kopf gestellten Ls, wohl auch, weil die angrenzenden Bauern ihre Grundstücke auf Kosten des Friedhofs klammheimlich vergrößert haben. Nur ein Grabstein blieb übrig von den vielen, die hier standen, als noch Juden in Deblin lebten – der Stein für den jüdischen Arzt, der den Blinddarm von Chil Bubis verpfuschte. Einiges spricht dafür, daß die Polen alle übrigen Grabsteine herausgebrochen und für den Straßenbau verwandt haben. »Ausgerechnet dieser ist übrig geblieben«, seufzt Ignatz Bubis leise und deutet auf das kleine Grabmal zur Erinnerung an den Doktor. Der Bruder hätte 1935 an der Blinddarmentzündung nicht sterben müssen, aber der nicht approbierte Arzt hatte ihn falsch behandelt.

Der junge Sohn einer Anwohnerin kommt über die Straße auf den Friedhof geschlittert. Er sagt, daß er im Sommer um das Friedhofsgelände einen richtigen Zaun hochziehen will. Ignatz Bubis gibt ihm, wie bei jedem Besuch, 200 US-Dollar für die Friedhofspflege. Der Bruder des Polen war vor sieben Jahren einmal in Deutschland gewesen. Hinter Helmstedt war er in die nächstgelegene Kneipe gegangen und hatte nach einem Ignatz Bubis, Deutschland, gefragt. Man sagte ihm, der lebe in Frankfurt. Der Pole besuchte Ignatz Bubis, sagte auch zu, man werde sich um den Friedhof kümmern. Dennoch steckt an diesem Tag in einer der begrenzenden Hecken eine leere Plastikflasche für Kindercola, etwas weiter flattert eine zerrissene Chipstüte. Nur wenige hundert Meter entfernt, an der gleichen Straße, liegt der katholische Gottesacker, ein prächtig gepflegter Friedhof – ohne Müll. Auf ihm fehlt kein Stein.

Im Ortskern von Deblin steht heute auf dem Platz der ehemaligen Synagoge ein Supermarkt. Kein Gedenkstein, keine Plakette, keine Tafel erinnert daran, daß hier einmal das Ghetto war. Auch das Gelände, auf dem die Deutschen das Arbeitslager errichten ließen, verrottet unerkannt vor sich hin. Kein Straßenname verweist darauf, daß hier 1942 Juden zusammengetrieben, deportiert und erschossen wurden. Auch von Polen, und auch noch nach Kriegsende. Einige der Ghettohäuser sind noch erhalten und bewohnt, kleine Häuschen aus Holz mit Wellblechdächern. Mein Gott, wieviel kleiner die Menschen doch damals waren, vor fünfzig Jahren, denkt, wer die im Vergleich zur heutigen Großzügigkeit winzigen Türen und Fenster sieht. Deblin ist arm, obwohl noch heute die Offiziersschule und der Militärflughafen existieren. In der ehemaligen Zitadelle, wo der Vater von Ignatz Bubis in der Ghettozeit arbeitete, haust heute das Militär. Das Haus, in dem sich die Schule befand, über der die Familie Bubis wohnte, ist noch an seinem Platz an der Hauptstraße. Das Klo befand sich im Hof und ist wohl heute noch dort. Ignatz Bubis verläßt in Deblin nicht den Fond des Wagens. Noch immer ist die Stimmung in Polen spürbar antisemitisch, doch vielleicht nur offener, unverblümter als in Deutschland. Alle Unterlagen über die ehemaligen Bewohner des Ortes sind noch im Gemeindehaus von Deblin gelagert vorhanden – doch hier trauert niemand um die früheren jüdischen Bürger oder die Häftlinge, die hier leben mußten und zu früh gestorben sind.

Nein, die christlich-katholischen Polen lieben die Juden heute noch nicht. Lech Walesa soll demnächst eine Delegation aller Präsidenten der europäischen Parlamente anführen, die Auschwitz die Ehre erweisen möchte. Daraus wird wohl nichts werden. Laut Protokoll, so ließ das Büro des Staatspräsidenten die jüdischen Organisatoren wissen, sei das nicht möglich. Walesa könne aber doch, so wandten die jüdischen Veranstalter daraufhin ein, die Parlamentspräsidenten protokollgemäß in Auschwitz statt in Warschau empfangen. Die Antwort auf diesen Vorschlag steht noch aus. Eine polnische Verkäuferin, der ich von Deblin erzähle, sagt, die Polen seien doch immer gut zu den Juden gewesen. Ein belgisch-polnisches Ehepaar verteidigt die Polen, die sich immer korrekt gegenüber den Juden verhalten hätten, hat es aber plötzlich ganz eilig, als ich von den von Polen erschossenen 36 Juden aus dem Lager in Deblin erzähle. Ich könnte noch eine ganze Reihe solcher Beobachtungen hinzufügen.

Ignatz Bubis kennt Erlebnisse dieser Art. Und er läßt die polnischen Medien von seinen Erfahrungen in Deblin wissen. Ein polnischer Journalist fragt den Präsidenten des Europäisch-Jüdischen Kongresses, Jean Kahn, in Warschau, was der Kongreß denn täte, wenn es während des Treffens zu einer antijüdischen Demonstration in Warschau käme. Jean Kahn antwortet ihm, er sei überrascht über diese Frage, aber eine solche Demonstration wäre eine Schande für Polen. Doch es demonstriert niemand gegen die Juden an diesem

Wochenende in Warschau. Polen hat an den Juden nichts wiedergutzumachen versucht. Der jüdische Besitz, Häuser, Geschäfte, wurde niemals zurückgegeben. Zwei Tage Polen und viele Gespräche, an deren Ende der Eindruck steht, die Atmosphäre in Polen ist antisemitisch. Vielleicht, sage ich zum Chefredakteur der größten polnischen Tageszeitung, Kazimierz Woycicki, ist Polen das antisemitischste Land, das ich bislang kennengelernt habe. Er will es nicht glauben.

B.: Es gab ein Gesetz aus dem Jahr 1946 der damaligen polnischen Regierung über das deutsche und das zurückgelassene Vermögen. Mit dem zurückgelassenen Vermögen ist das gemeint, was zum Beispiel die letzten Juden, die damals Polen verlassen haben – und nicht nur Juden, sondern auch andere, die vor dem Kommunismus geflohen sind – hinterlassen haben. Es ist alles dem Staat zugefallen. Dieses Gesetz wurde 1985 geändert, und man hatte zwei Jahre Zeit, Ansprüche anzumelden. Wer in dieser Frist seine Ansprüche nicht angemeldet hatte, verlor sie. In dieser Zeit, es war die Phase des Kriegszustands in Polen, konnte aus dem nicht-sozialistischen Ausland so gut wie keine Verbindung zu staatlichen Stellen aufgenommen werden, so daß jüdisches Vermögen gar nicht hat angemeldet werden können. Davon abgesehen gibt es jedoch mindestens einen konkreten Fall, in dem die Polen noch nicht einmal die Zwei-Jahres-Frist abgewartet haben, bis sie das Vermögen endgültig auf den polnischen Staat umschrieben. Ein Jude aus Israel hat dagegen jetzt geklagt, weil sein Vermögen bereits nach eineinhalb Jahren umgeschrieben wurde. Er möchte zurückhaben, was seiner Familie gehört, die polnischen Behörden lehnen das ab.

K.: Worum handelt es sich bei diesem Eigentum?

B.: Es ist Grundbesitz, ich weiß nicht einmal genau, in welcher Gegend er liegt. Auch ein Mitglied der Jüdischen Gemeinde Frankfurt führt übrigens einen Prozeß, seinen verstorbenen Eltern gehörte in Krakau ein Haus. Er kommt ebenfalls nicht weiter. Mich hat ein israelischer Anwalt gebeten, daß ich dieses Thema generell in Polen ansprechen soll.

Jetzt ist zunächst einmal mit der katholischen Kirche eine Vereinbarung getroffen worden, ihr wurde alles zurückgegeben, der gesamte Grundbesitz. Auch mit der evangelischen Kirche, die hier relativ schwach war, ist eine Vereinbarung geplant, in der das geregelt werden soll. Und als letztes wird auch in bezug auf die jüdische Gemeinschaft derzeit eine Regelung vorbereitet, das betrifft aber nur die Religionsgemeinschaft als Körperschaft. Es gibt seit einem Jahr einen Gesetzentwurf, den ich dank eines Rechtsanwaltes eingesehen habe. Dieser Entwurf wird schon seit einem Jahr ohne Ergebnis diskutiert. Ich wurde nun darauf aufmerksam gemacht, daß, wenn das Gesetz in dieser Form verabschiedet würde, dies ganz in Ordnung wäre. Ich habe dieses Problem bei einem Treffen mit der polnischen Ministerpräsidentin Suchocka angesprochen, und ich habe es bei zwei Ministern vorgebracht, die ich hier getroffen habe, dem Minister des Büro des Staatspräsidenten und dem unter anderem für die Rückführung von Eigentum zuständigen Minister. Der eine hat gesagt, der Staatspräsident habe damit nichts zu tun, Walesa halte sich aus der parlamentarischen Arbeit heraus. Aber, so denke ich, offensichtlich – cui bono – nur in diesem Fall. Der zuständige Minister hat sofort gesagt, dieser Entwurf, der mir vorliege, stimme nicht mehr, es seien schon Änderungen erfolgt. Tatsächlich handelt es sich ausschließlich um negative Änderungen zu Lasten der Betroffenen. Ministerpräsidentin Frau Suchocka wiederum hat sich das Problem notiert, aber gleich dazugesagt: »Sie müssen wissen, dies ist bei uns ein besonderes Problem, es gibt

44

ein gespanntes Verhältnis zwischen Legislative und Exekutive.« Sie sagte aber, sie wolle sich für unser Anliegen einsetzen.

K.: Ist das jüdische Eigentum eigentlich in Deutschland vollständig zurückgegeben worden, nach dem Krieg?

B.: Im Westen wurde alles voll zurückgegeben, alles.

K.: Und auf dem Gebiet der früheren DDR?

B.: Dort gibt's Probleme, zum Beispiel bei der Frage, wann eine Person enteignet worden ist, wie die Umstände genau waren usw.

K.: Die Polen haben offenbar überhaupt kein Problembewußtsein, nicht nur, daß sie nicht sehen wollen, was auf ihrem eigenen Boden geschehen ist, sie verdrängen auch, daß viele Polen selbst involviert waren. Den Polen stellen sich daher einfach keine Probleme.

B.: Überhaupt keine. Gestern habe ich in einem Interview einem Polen erzählt, daß es damals ein Kilo Zucker für jeden Juden gab, den man ausgeliefert hat. Das war in allen besetzten Gebieten der Fall, ein Kilo Zucker für jeden ausgelieferten Juden. Und die Polen haben viele Tonnen Zucker bei den Deutschen kassiert.
Damals, 1942, gab es in Polen eine große nationalistische Widerstandsbewegung, die AK, Armja Krajowa. Jan Terej, der Leiter der freiwilligen Feuerwehr in Deblin, gehörte dazu. Er war aber auch Angestellter bei meinem späteren Schwiegervater, der in Deblin ein Sägewerk besaß. Bei der zweiten Deportation 1942 hat Terej den Kindern meines späteren Schwiegervaters das Leben gerettet, indem er sagte, sie sollen

wegrennen. Meine spätere Frau war 11, ihr Bruder 7, ihre Schwester 9 Jahre alt. Sie rannten zunächst ins Sägewerk zurück, versteckten sich dann bei einem nicht-jüdischen Nachbarn und gelangten einige Tage später ins Lager.

Nun war Terej Mitglied der AK, und die hat nicht nur keine Juden aufgenommen, sondern sie sogar bekämpft. Einer der Führer der AK war ein Herr Bartoszewski, heute Botschafter in Österreich. Ich sage das mal so zwischendurch. Bartoszewski war vor einiger Zeit einmal zu einem Vortrag in Frankfurt. Als ich ihn auf die Einstellung der damaligen AK den Juden gegenüber ansprach, sagte er: »Bekämpft haben wir sie nicht, wir haben sie nur nicht aufgenommen, weil die Juden dunkelhaarig und krummnasig waren. Sie hätten uns durch ihr Aussehen in Gefahr gebracht.« Darauf habe ich ihm geantwortet, jetzt wüßte ich also, warum die AK mich nicht hatte aufnehmen wollen, weil ich so krummnasig und so schwarzhaarig bin! Sie wissen, ich war rothaarig. Die AK hat sogar die Juden und die Deutschen gleichzeitig bekämpft.

Dieser Terej, ich komme zurück auf Deblin, war der Chef der lokalen AK. Wahrscheinlich hat er vor den eigenen AK-Leuten Angst gehabt, die Kinder bei sich zu behalten. Trotzdem waren ihm meine Frau und ihre Geschwister dankbar, denn sie hätten damals ohne seinen Hinweis nicht überlebt. Sie wären nach Treblinka gekommen, wenn er sie nicht vor der Deportation gewarnt hätte. Meine Schwiegermutter, wir alle haben ihm, solange er gelebt hat, immer Lebensmittelpakete zur Unterstützung geschickt. Dann kam mein Schwager vor etwa zwanzig Jahren das erste Mal nach dem Krieg nach Polen und hat natürlich Jan Terej besucht, aus Dankbarkeit. Er war bei ihm und wollte über Nacht bleiben. Terej hat zu ihm gesagt: »Hör zu, es ist besser, wenn du wegfährst, zu viele wis-

Das nicht ghettoisierte Deblin heute

Begrenzungsstraße des Debliner Ghettos heute,
links hinter dieser Straße begann es

sen, daß du hier bist.« Er war immerhin der Chef der AK gewesen!

K.: *Wo lebt Ihr Schwager jetzt?*

B.: In Paris, er ist Professor der Physik und der Soziologie. Er heißt Rosenman, meine Frau ist eine geborene Rosenman.

K.: *Wie war das, als die Deutschen Polen überfallen hatten und damit der Zweite Weltkrieg ausgelöst wurde?*

B.: Am 1. September 1939 sind wir zunächst zu Fuß in das zehn Kilometer entfernte Ryki geflüchtet. Deblin wurde als erstes bombardiert, verständlich, denn hier gab es den größten Militärflughafen, Infanterie, Artillerie. Wir blieben dort über Nacht. Am nächsten Morgen gab es sehr viel Militärbewegung, weil die Straße, auf der wir jetzt fahren, sozusagen die Nord-Süd-Achse war. Es gab ungeheuer viel Militärbewegung auf der Straße. Deshalb sind wir von Ryki dann noch mal 15 Kilometer weiter nach Zelechów geflüchtet, nicht weit von Parisuw. Dort gab es einen berühmten Rabbiner, der seine Anhänger hier in der Umgebung hatte, bis nach Deblin hinein. Er war eine Lokalgröße.

K.: *Sah es damals hier auch so aus wie jetzt?*

B.: Die Straßen waren schmaler, und die Häuser hatten nicht so schöne Dächer wie heute. Vor allem scheint die Gegend hier heute elektrifiziert zu sein. 1939 hatten hier noch lange nicht alle Strom. Wenn Sie hier diese kleinen Häuschen sehen entlang der Straße nach Deblin, die wie Gartenhäuschen aussehen, darin wohnten damals die Leute.

K.: Sie sprechen perfekt Polnisch, dabei sind manche Wörter für Deutsche fast unaussprechlich ...

B.: Ja. Es gab mal einen Witz hier in Polen. Ein Polizist sagte zum Kollegen, nachdem sie eine Leiche auf der Straße gefunden hatten: »Wie schreibt man das, Plac Rzeczpospolity« (Platz der Republik). Der andere sagte: »Weiß ich auch nicht, laß ihn uns rübertragen, zum nächsten Platz, der heißt Rynek (Markt), da weiß ich, wie man es schreibt.«
Hier aus Ryki, das auch ein halb jüdisches Städtchen war, sind viele Juden in Deblin im Lager gewesen. Ich habe heute das Gefühl, Ryki ist schneller gewachsen als Deblin, obwohl Deblin früher die bedeutendere Stadt war, wegen des Militärs. Hier zum Beispiel war einmal wöchentlich der Hauptmarkt, oft sind Leute auch zum Einkaufen von Deblin die ganzen zehn Kilometer hierher zu Fuß gelaufen, mit dem Handwägelchen.

K.: Im Februar 1941 wurde in Deblin das Ghetto gebildet. Wie ging das vor sich, wurde Ihnen, als Sie ins Ghetto ziehen mußten, dort eine Wohnung zugewiesen?

B.: Jeder mußte sich selbst darum kümmern. Wir haben bei Bekannten etwas gefunden. Keine eigene Wohnung, sondern ein Zimmer bei einem Ehepaar, das uns aufgenommen hat, in seiner Zweizimmerwohnung. Mein Großvater mütterlicherseits ist noch vor dem Krieg gestorben, '37 oder '38, die Großmutter starb '39, kurz vor Kriegsbeginn. Das Haus, in dem meine Großeltern lebten, lag nicht im Bereich des späteren Ghettos, sondern außerhalb. Mein Großvater väterlicherseits ging mit meinem Vater und mir. Er war schon ein alter Mann und alleine, er hatte außer uns keinen Menschen. Meine beiden Geschwister Jakob und Hadassa, die schon vor dem Einmarsch der Deutschen nach Rußland geflüchtet waren, blieben dort.

K.: *Wie sah es in diesem Ghetto aus?*

B.: Als ich 1985 zum ersten Mal wieder hingekommen bin, zum Beispiel zu dem Haus, in dem früher der Judenrat war, hat es mich geradezu umgehauen. Ich hatte das Gebäude viel größer in Erinnerung, und dann sind das so mickrige drei Treppchen. Eine andere Welt, eine ganz andere Welt.

Das Lager, in dem ich dann war, unsere Wohnung im Ghetto, der Teil des Ghettos, in dem sie lag, alles ist entweder noch erhalten oder zusammengebrochen. Auf jeden Fall könnte ich nicht mehr genau sagen, wo unsere Wohnung lag. Aber Sie können genau sehen, wo das Ghetto war. Es war ein Viertel, das sich leicht abriegeln ließ. Wieviel Häuser dazu gehörten, weiß ich nicht, es waren nicht wenige Häuser, mehrere Straßen. In diesem Ghetto lebten dann 3.000 Juden. Deblin hatte insgesamt zuvor etwa 8.000 Einwohner gehabt, davon knapp 4.000 Juden, also fast die Hälfte der Einwohner. Als das Ghetto gebildet wurden, lebten nur noch 3.000 Juden in Deblin. Etwa 500-800 Juden waren entweder geflohen oder schon abtransportiert worden.

Im Ghetto mußte jeder arbeiten, auch Kinder, ab einem gewissen Alter. Ich war schon 14. Ich hatte zwar vorher noch versucht, an der Hauptschule die siebte Klasse zu absolvieren, aber das ging nur zwei Wochen lang gut. Dann durften Juden überhaupt keine Schule mehr besuchen. Da ich lesen und schreiben konnte, wurde ich Postbote. Irgend jemand im Judenrat gab mir den Job.

Ende 1941 wurde dann am Flughafen ein Lager errichtet. Aus Wien und aus Présov in der Slowakei kamen Transporte mit Juden. Teilweise wurden sie im Ghetto untergebracht, teilweise im Lager kaserniert. Man ging schon damals in Kolonne, diejenigen, die am Flughafen arbeiteten, trugen Blechmarken. Das war gewissermaßen der Ausweis. Man konnte damit dennoch nicht frei herumlaufen, sondern nur von der

Dieses Gebäude beherbergte bis 1939 eine Bank,
während des Krieges dann den Judenrat

Arbeit zum Ghetto oder Lager oder zurück gehen. Mein Vater wurde in der Ghetto-Krankenstube Wirtschaftsverwalter.

Juni 1942: Die erste große Deportation

B.: Eines Tages mußten sich alle Juden auf dem Marktplatz
versammeln, außerhalb des Ghettos. Die Menschen wurden
zusammengetrieben, und wir haben hinterher erfahren, daß
sie in Waggons verladen wurden und nach Sobibor kamen.
Aber nur ein Teil, nicht alle. Z. B. wurde ich als Postbote nicht
mit den Transporten fortgeschickt.
Vor dieser ersten »Aussiedlung« wurde jeder, der sich in der
Krankenstube des Ghettos aufhielt, Kranke, Sanitäter oder
Betreuer, sofort erschossen. An Ort und Stelle. Mein Vater,

der ja Wirtschaftsleiter der Krankenstube war, befand sich zufällig nicht dort. Er meinte, auf dem Marktplatz anfangs noch sagen zu können, ja, ich arbeite in der Krankenbetreuung, aber das wäre das Verkehrteste gewesen. Ich habe ihm dann noch eine Binde angesteckt, die Armbinde eines Postboten, was den Eindruck eines Offiziellen machte. Auf diese Weise ist er im Juni '42 überhaupt nur dageblieben. Als ich 1985 wieder auf dem Markt von Deblin stand, wo damals die Juden zusammengetrieben worden sind, habe ich gedacht, »Um Gottes willen, das soll der Markt gewesen sein?« Ich hatte ihn riesig groß in Erinnerung, aber es ist ein ganz kleiner Markt. Die 3.000 Menschen waren ja auch nicht alle auf dem Markt zusammengetrieben worden, denn zu dem Zeitpunkt bestand einige hundert Meter entfernt davon schon das Lager, ein weiterer Teil der Leute befand sich auf den Baustellen. Dieses Lager, etwas außerhalb des Ortes, war eigentlich nicht für die Juden aus Deblin errichtet worden, sondern für die erwähnten Wiener Juden.

Ich habe keine Ahnung, wer das Lager gebaut hat. Es war irgendwann einfach da, Baracken, Holzbaracken. Im Ghetto wohnte man noch in Häusern, meistens in Holzhäusern. Es gab aber auch Steinhäuser. Neunzig Prozent der Stadtwohnungen, also auch die im Ghetto, hatten keine Wasserleitung, man mußte das Wasser vom Brunnen holen. Im Hof gab es Toiletten, die durch Wagen gereinigt wurden. Der Fußboden aus Holzbrettern wurde Freitagabend geschrubbt und dann mit weißem Sand bestreut, damit die Feuchtigkeit vom Sand aufgesogen werden konnte und es hygienischer war. Dann gab es Wasserträger, Berufswasserträger, die haben fünf Pfennig fürs Schleppen eines Eimers Wasser vom Brunnen in die Wohnung bekommen. Es gab mehrere Brunnen, die über die ganze Stadt verteilt waren. Die zweite Wohnung in Deblin, in die wir '36 gezogen waren, hatte im Hof einen eigenen Brunnen, und es gab einen Abguß, keine Wasserleitung, aber einen Abguß. Es war also nachgerade eine moderne Wohnung. In unserer ersten Wohnung in Deblin hatte man das Wasser noch 100 bis 150 Meter weit tragen müssen. Weil so viele Juden in unserer Gegend wohnten, fuhr Freitag abends immer ein Panjewagen umher und verkaufte Sand für den Beginn des Sabbats.

Das Postamt lag außerhalb des Ghettos, und ich, der Postbote, durfte hinaus, um meiner Arbeit nachzugehen. Die Post für die Leute im Lager wie im Ghetto kam bei dieser Poststelle an. Alle Post für Juden wurde von mir dort beim Postamt abgeholt. Der Mann, der mir die Post übergab, war ein hochanständiger Kerl, ein Deutscher in Zivil, der mit den Nazis gekommen war. Es hieß damals, ich weiß nicht, ob es stimmt, der Chef der Ortspolizei wäre sein Schwager. Die Post kam also zur Poststelle, mußte aber von dort zuerst nach Lublin zur Zensur geschickt werden, kam dann zurück und wurde dann von mir ausgeliefert. Bevor der Mann nun aber die Briefe und Karten zur Zensur verschickte, zeigte er mir die ganze Post. So konnte ich manches heraussuchen. Für die Österreicher beispielsweise war öfter mal ein Zwanzigmarkschein in der Post, ich brauchte die Briefe nur gegen das Licht zu halten, um zu sehen, ob Geld drin war. Offene Postkarten habe ich vorher gelesen, geprüft, ob etwas Verfängliches drauf steht, auch Briefe, bei denen man einen solchen Verdacht hatte. Der Leiter der Poststelle ließ mich das bei sich im Zimmer machen. Die Post für die Wiener habe ich immer raussortiert, wenn etwas Verfängliches drin war, sonst ließ ich sie zur Zensur durchgehen. Wenn es Postkarten waren, habe ich den Empfängern dann vorab erzählt, ihr kriegt demnächst Post oder kriegt sie auch nicht, und dies und das steht auf der Karte. Die Lagerpost wurde dann zum Judenrat ins Ghetto gebracht und aufgehoben, bis jemand aus dem Lager sie abholte. Als im Juni '42 die erwähnte erste Deportation bevorstand und ich nichtsahnend die Post holen kam, sagte der Leiter der Poststelle zu mir: »Du bleibst jetzt hier.« Ich fragte ihn, warum. »Du gehst jetzt nicht zurück ins Ghetto, es wird eine Aussiedlung geben.« Ich sagte ihm aber: »Ich muß hin, mein Vater ist dort, ich weiß nicht, was mit meinem Vater ist.«

K.: Lebten im Ghetto nur Juden aus Deblin?

B.: Ja, später kamen einige aus der Umgebung, z. B. aus Ryki, und Juden aus Présov in der Slowakei dazu. Die Hälfte der Leute war bei der »ersten Aussiedlung« abtransportiert worden, danach fingen die Leute an, sich entweder am Fliegerhorst oder an der Zitadelle Arbeit zu suchen, oder am Bahnhof, beim Gleisbau. Abends kam man immer noch nach Hause, aber immer mehr Menschen gingen seit der ersten Deportation lieber ins Lager als zurück ins Ghetto. Es war ja kein Konzentrationslager. Das Lager bestand aus Baracken, unweit vom Flughafen. Sie waren umzäunt, aber bewacht von jüdischer Polizei. Es gab nur einen einzigen deutschen Unteroffizier, der die Oberaufsicht hatte.
Bei der zweiten Deportation im September '42 wurde das Ghetto von der Luftwaffe umstellt, und drinnen wurden die Menschen zusammengetrieben. Wir wußten nicht, wohin. Wer immer sich versteckt hatte oder zu fliehen versuchte, wurde erschossen, gleich an Ort und Stelle. Alle. Es gab ungefähr 300 Tote. Die Luftwaffe schoß auf Fliehende. Manche versuchten, in Richtung Lager zu fliehen, auch ich. Sie müssen sich vorstellen, das Lager war etwas außerhalb der Stadt, zwischen Flughafen und Zitadelle. Der Flughafen lag links vom Lager, die Zitadelle rechts davon, jeweils in einer Entfernung von einigen hundert Metern. Das Lager war bewacht von jüdischer Polizei, die niemanden hineinlassen durfte, das Lager galt auch nicht als sicherer Ort. Denn, als sie bei der ersten Deportation nicht genügend Leute zusammenbe-

kommen hatten, holten sie welche aus dem Lager dazu, eine kleine Gruppe. Bei der zweiten »Aussiedlung« sind sie aber nicht ins Lager gekommen. Das Ghetto wurde gleich danach, gewissermaßen als Teil drei der »Aussiedlungen«, judenrein gemacht. Das heißt, die dritte »Aussiedlung« bestand aus »Aufräumen«.

Zwischen der zweiten und dritten Aussiedlung lagen nur wenige Tage. An und für sich war die zweite diejenige, in der Deblin »judenrein« gemacht wurde, aber es blieben noch Versprengte, wie zum Beispiel mein Vater. Mein Vater war bei der Arbeit an der Zitadelle. Ich selbst war ja immer noch Postbote. Ich rannte also Richtung Lager, eigentlich Richtung Zitadelle, wo mein Vater war. Ich mußte aber am Lager vorbeilaufen, und alles drängte hinein, so bin ich auch in dieses Lager gekommen. Wir bekamen sofort an Ort und Stelle eine Zuweisung für Arbeit am Flughafen. Ein Volksdeutscher, der Arbeitseinsatzleiter, hatte Blankozuweisungen, die er für 200 Zloty verkaufte. Sie besagten, daß man am Flughafen arbeitete und deshalb auch im Lager wohnen durfte. Ich konnte sofort dableiben.

Am Abend hat man den Arbeitern in der Zitadelle erklärt: »Ihr seid alle entlassen. Ihr könnt gehen, wohin ihr wollt.« Nur, es gab kein Wohin, denn die Stadt war judenrein. Es gab noch ein paar Versteckte, Versprengte, aber es gab keine Juden mehr im Ghetto. Auch diejenigen, die am Bahnhof arbeiteten, wurden entlassen. »Ihr könnt gehen, wohin ihr wollt.« Die meisten sind dann ins Lager gekommen, nur gab es keine Arbeitsbescheinigungen mehr. So haben die meisten dann in der Badeanstalt übernachtet, die vor dem Lager lag, darunter auch mein Vater. Nachts ist mein Vater zu mir in die Baracke auf die Pritsche gekommen, und wir haben uns noch beraten: »Was machen wir?« Wir entschieden uns, am nächsten Tag zu versuchen, eine Bescheinigung für ihn zu besorgen.

Morgens beim Appell, als wir angetreten waren, um zur Arbeit zu gehen, ist mein Vater hinausgegangen und wollte bis mittags in der Badebaracke abwarten. Mittags wurden wir vom Lager mit Essen versorgt. Es wurde im Lager gekocht und in einem Kesselwagen zum Flughafen gebracht. Das war nicht nur Brühe, sondern richtiges Essen, manchmal auch ein Stück Fleisch, wenn auch Pferdefleisch. Den jüdischen Polizisten am Kesselwagen hätte ich die Bescheinigung, die ich für meinen Vater organisiert hatte, mitgeben können. Ich hatte morgens noch mitbekommen, daß mein Vater beim Verlassen des Lagers vom jüdischen Lagerleiter, einem Österreicher namens Wenkart, beschimpft worden war. Mein Vater hatte sich verteidigt und gesagt: »Ich weiß, daß ich eine Bedrohung für die anderen bin, wenn ich mich illegal hier aufhalte. Ich gehe ja schon weg.« Also diese Schimpferei muß ganz schlimm gewesen sein. Dann entschloß sich mein Vater, doch noch einmal zur Zitadelle zu gehen. Die meisten, die dort gearbeitet hatten, sind noch einmal hingegangen. Sie wollten verhandeln, um zu erreichen, daß sie in der Zitadelle oder bei uns im Lager kaserniert werden. Mittags bin ich mit der Bescheinigung für meinen Vater selbst ins Lager zurückgekommen. Da sah ich plötzlich, daß man die ganzen Arbeiter von der Zitadelle zum Abtransport vorbeiführte. Alle, die um mich herumstanden, hielten mich zurück, weil ich hinauswollte, um mit meinem Vater weiterzugehen. Zusammen, wohin auch immer. Alle hielten mich zurück. Es war ja nur ein kleiner Ort, und jeder kannte jeden, und wer kannte nicht den Postboten des Ghettos. Außerdem waren im gleichen Lager meine spätere Frau, meine Schwiegermutter und andere Bekannte. Der Bruder meiner Schwiegermutter war dort Polizist. Es hieß, man führe die Gruppe zu der Baustelle am Bahnhof, sie würde dort arbeiten. Tatsächlich hat man sie aber zum Abtransport an den Bahnhof geführt. Sie sind allerdings nicht von dort abtransportiert worden, wie wir ein paar Tage später erfahren haben, sie mußten zu Fuß nach Konskowolla gehen, einem kleinen Ort zwanzig Kilometer von Deblin entfernt. Von dort brachte man sie nach Treblinka. Der ganze Transport und auch der Transport vom Vortag – alle sind nach Treblinka gegangen. Als letzter aus meiner Familie blieb ich dann im Lager zurück – allein.

K.: War Deblin das einzige Lager in der Umgebung?

B.: Ja, das nächste befand sich etwas weiter weg bei Lublin, das sind 70 Kilometer von hier. Das Lager bei Lublin hieß Majdanek, und das war ein reines Vernichtungslager. Weitere Arbeitslager in der Umgebung sind mir nicht bekannt geworden. Vis à vis von unserem Lager, ein Stück Richtung Weichsel, hinter der Zitadelle, war ein großes russisches Gefangenenlager mit etwa 10.000 Kriegsgefangenen. Wir haben sehr oft nachts Schießereien gehört, und irgendwann vor zehn Jahren wurde ein Massengrab mit einigen Tausend Russen entdeckt. Damals hieß es, angeblich wären dort auch Italiener als Kriegsgefangene gewesen, das habe ich aber nur gelesen. Sicher ist, daß dort mindestens zehntausend russische Gefangene interniert waren, es sind immer wieder neue dazugekommen.

K.: Und wieviel Juden lebten in diesem Lager in Deblin, in dem Sie waren?

B.: An die 800 Juden, es war ein kleines Lager. Ich hatte hinterher manchmal den Eindruck, daß es wohl ein vergessenes Lager war. Es gab nur diesen einen deutschen Unteroffizier, einen Luftwaffen-Unteroffizier. Er hieß Kattingel, es kann auch sein, daß er Kattinger hieß, aber ich glaube, Kattingel, seinen Vornamen erinnere ich nicht mehr. Eine Jüdin aus dem Lager war mit diesem Kattingel liiert. Ob sie es auch wollte, weiß ich nicht, aber natürlich wollte sie leben. Die hat er sich nicht nur nachts geholt, sondern sie hielt sich, wenn nicht die Gefahr einer Inspektion drohte, bei ihm auf. Sie war bei ihm zum Aufräumen, wie das inoffiziell hieß. Kattingel konnte tun und lassen, was er wollte.

K.: Das erinnert mich an den Roman »Tanz- und Liebesstunde« von Pavel Kohout. Er schreibt über eine deutsche SS-Offizierstochter, die einen jüdischen Freund hat. Sie ist völlig unpolitisch, jedenfalls keine Nazi.

B.: Auch der Unteroffizier war kein Nazi. Er wurde später abgelöst. Dann kam der nächste, er hieß Duse, er war immer angetrunken, ohne besoffen zu sein. Ihn haben wir zuerst gefürchtet, während wir uns an Kattingel schon gewöhnt hatten. Bei Duse wußten wir nicht, was uns erwartete. Aber er hat bei unseren harmlosen Spielen im Lager manchmal sogar mitgemacht. Einmal kam er vorbei und sah, daß wir spielten. Einer hielt einem anderen die Augen zu, der die Hände nach hinten halten mußte, und ein anderer haute drauf. Dann sollte der, der nichts sah, erraten, wer es gewesen war. Im Lager spielten auch Erwachsene mitunter solche Kinderspiele. Duse sah das und wollte mitmachen. Dann hat einer von uns einen Schuh ausgezogen und bei ihm so richtig draufgehauen. Wir dachten, jetzt droht die Katastrophe. Aber er hat sich nur seelenruhig umgedreht, auf einen von uns gedeutet und gesagt: »Das kannst nur du gewesen sein.« Der Mann war es auch gewesen. Duse und Kattingel waren beide so um die 40 Jahre alt.

K.: Haben sich die beiden irgendwie einmal zu den Juden oder zum Lager geäußert?

B.: Was heißt geäußert? Nein, wir haben uns doch mit diesen Leuten nicht unterhalten.

K.: Es hätte ja sein können, daß Kattingel mal zu seiner Freundin sagte: »Eigentlich finde ich das ja auch nicht in Ordnung.«

B.: Was er seiner Freundin erzählt hat, hat sie uns nicht weitererzählt. Aber zumindest hat er selbst ein Rassenschandeverfahren riskiert. Sie war eine bildhübsche Frau. Duse hatte keine Freundin aus dem Lager, aber auch er hat sich menschlich verhalten. Kattingel hat sich fair benommen, ab und zu hat er einem eine geklebt, aber nur, wenn er schlechte Laune hatte. Verprügelt hat er nie jemanden. Wenn die Razzia kam, hat Kattingel sie begleitet, aber er tat sich auch dabei nicht hervor. Die SS oder der SD waren nicht im Stadtkern von Deblin stationiert. Dort gab es einen Gendarmerieposten, nicht SD-Posten, der SD kam aus Lublin oder aus Pulawy. Der Gendarmerieposten war wohl keine Feldgendarmerie, also kein Militär. Es war so eine Art Ordnungspolizei, die Dorfgendarmerie. Die meisten dort waren Deutsche, nur wenige waren Volksdeutsche.

Das Lager unterstand der Luftwaffe, und ohne den Schutz des Kommandanten des Fliegerhorsts wäre das Lager nie stehengeblieben, nie. Es hieß nach dem Krieg, der Kommandant wäre ein Oberstleutnant Hönig gewesen, aber seinen Namen habe ich überhaupt erst nach dem Krieg gehört. Er kam ab und zu ins Lager. Oberstleutnant Hönig muß über uns so ein bißchen die Hand gehalten haben, ganz sicher.

Bei der zweiten »Aussiedlung« haben die Soldaten der Luftwaffe innerhalb der Stadt selbst nicht geschossen, sie haben nur die Stadt, das Ghetto umstellt. Allerdings auf jeden, der flüchten wollte, haben sie geschossen. Ich kann Ihnen jetzt nicht sagen, ob es dabei Tote gegeben hat. Auch mir hat man hinterhergeschossen, als ich wegrannte. Natürlich schaut man sich in einem solchen Augenblick nicht um, ob auch gezielt geschossen wird. Man läuft einfach nur so schnell man kann. Die meisten Toten gab es innerhalb des Ghettos, weil sich Leute im Keller, auf dem Dachboden oder sonstwo versteckten. Und der SD und die Gendarmerie gingen von Haus zu Haus und erschossen an Ort und Stelle. Sie suchten nach Versteckten.

K.: Wie war das bei den Razzien im Lager, Sie haben mir erzählt, daß dort zweimal Menschen erhängt wurden. Wer hat das getan?

B.: Ich bin mir nicht sicher, ob das noch unter Kattingel oder schon unter Duse war, ich weiß es heute nicht mehr. Es handelte sich um eine offizielle Hinrichtung durch Deutsche, weil man bei den Häftlingen Geld gefunden hatte. Im einen Fall haben sie gewartet, bis wir von der Arbeit kamen. Dann haben sie uns nach Geld durchsucht, bis sie nach fünf Minuten bei dem einen Herrn aus Présov, er hieß Feit, das Geld gefunden haben. Er wurde sofort gehängt, und sie haben nicht weitergesucht. Ich sah ihn erst, als er schon hing. Der andere Fall war, daß einige von uns auf dem Fliegerhorst beim Klauen erwischt wurden. Wir haben alle geklaut, täglich geklaut, es ging gar nicht anders, sonst hätte man nicht überleben können, sei es Lebensmittel, sei es sonst etwas. Zum Beispiel gab es Strohsäcke für das Militär. Wir haben die Strohsäcke geklaut, um Klamotten daraus zu machen. Aber wenn man die Klamotten gesehen hat, konnte sich jeder an fünf Fingern abzählen, daß das die Strohsäcke waren. Als man zwei beim Klauen von Strohsäcken erwischte, sperrte man sie zuerst ein, brachte sie ins Lager und hängte sie, zur Abschrekkung. Sie blieben 24 Stunden hängen, und dann wurden sie im Lager begraben. Wir haben sie jüdisch bestattet, eben soweit sich das machen ließ.
Wir haben aber auch wiederum die tollsten Sachen erlebt.

Einmal ist zum Beispiel am Rand des Fliegerhorstes ein Flugzeug beim Landen oder beim Starten abgestürzt. Zwei aus unserem Lager sind hinausgerannt und haben zwei Offiziere aus dem Wrack herausgeholt, bevor das Flugzeug explodiert ist. Sie haben dafür eine Sonderration Lebensmittel bekommen. Später, etwa 1943, sind zehn Leute aus dem Lager geflüchtet, was eigentlich überhaupt nicht schwierig war. Sie hatten vorher von einem Flugzeug Maschinengewehre abmontiert und sind mit diesen Waffen abgehauen. Darunter auch die zwei, die die Offiziere rausgeholt hatten. Über diese zehn Leute wurde nie gemeldet, daß sie abgehauen waren, es hieß ganz einfach, sie wären verstorben. Keine Ahnung, ob sie überlebt haben. Keiner von ihnen ist je wieder aufgetaucht. Wahrscheinlich sind sie von den Polen oder von den Deutschen erschossen worden, man kann es nicht wissen.

K.: *Wie übersteht man so etwas als 14-, 15jähriger?*

B.: Ich habe für mich gelebt, habe mich mit niemandem unterhalten, außer über Politik. Weil ich Deutsch lesen konnte und verstand, haben wir Zeitungen organisiert. Abends hatten wir dann so einen kleinen Zirkel. Da war Herr Abraham Rosenfeld, der aus Frankfurt stammte, mit seinem Sohn Nathan, er hatte mein Alter. Vater Rosenfeld und ich waren die Spezialisten für Deutschland. Wir haben uns immer während der Arbeit auf dem Flughafen gebrauchte Zeitungen beschafft, z. B. den »Völkischen Beobachter«, der in gotischer Schrift gedruckt war. Wir beide konnten das lesen, die anderen hatten damit Schwierigkeiten. Die interessanteste Zeitung aber war »Das Reich«, die wöchentlich mit einer Kolumne von Goebbels zur politischen Lage erschien. Wir haben versucht, herauszulesen, was sich tut. Erfolgreicher Rückzug, Stalingrad. Wo Rosenfeld und ich auf der Pritsche lagen, war die politische Ecke. Dort wurde diskutiert, ich mit meinen sechzehn Jahren und Rosenfeld, damals schon ein älterer Herr. Daran hab' ich mich beteiligt, aber ansonsten hab' ich für mich gelebt. Der junge Nathan Rosenfeld hat dann später im Lager in Tschenstochau, wohin wir im Juni 1944 aus Deblin gebracht wurden, seinen Arbeitsplatz freiwillig mit einem anderen Häftling getauscht, um bei der im Januar 1945 anstehenden Deportation mit seinem Vater zusammenbleiben zu können. Beide kamen so nach Bergen-Belsen. Der Vater überlebte, der Sohn Nathan nicht. Abraham Rosenfeld hat das nie verwunden und sich einige Jahre nach Kriegsende das Leben genommen.

Ich hatte im Lager wenig Kontakt zur Umgebung. Einen einzigen Freund hatte ich jedoch, er stammte aus Ryki. Wir haben unsere Rationen immer zusammengelegt. Wenn es Brot gab, dann hatten wir gemeinsam einen Spind, sein Viertel Brot und meins kamen zusammen rein. Es gab im Lager auch zwei Brüder, die, wenn sie das Brot geteilt haben, es immer mit einem Band maßen, damit nicht der eine einen Krümel mehr bekam als der andere. Wir beide haben das halbe Brot nicht geteilt, wir haben hintereinander von dem Stück gegessen. Es gab auch 20 Gramm Marmelade oder mal 2 Zigaretten in der Woche. Mein Freund war vier, fünf Jahre älter als ich, und er hat geraucht, ich nicht. Die meisten Nichtraucher haben die Zigaretten gegen Marmelade oder Margarine eingetauscht, ich nicht. Meine Zigaretten hat er geraucht. Ihm gegenüber war ich wie ein Bruder. Wir haben alles geteilt. Nach '45 waren wir zusammen in Dresden, und irgendwann hat er geheiratet, ist nach Südamerika gegangen und hat alles, aber auch alles, was uns beiden gehörte, alles, was nicht niet- und nagelfest war, mitgenommen.

K.: Gab es Häftlinge, die im Lager Waffen besaßen?

B.: Nein, nicht im Lager. Nur von einem einzigen weiß ich,

daß er eine Waffe im Lager versteckt hatte. Seine Freundin, mit der er im Lager zusammengelebt hat, lebt heute in Stuttgart. Er hat immer wieder Wenkart, dem jüdischen Lagerleiter, gedroht: »Dich lege ich als ersten um.« Er soll ihm die Waffe gezeigt haben, aber er hat nie etwas damit gemacht. Als wir 1944 nach Tschenstochau kamen, gab es zwei Transporte innerhalb von wenigen Tagen. Dieser eine Mann war beim ersten Transport dabei und ist abgehauen, aber er wurde erwischt und erschossen.

K.: Aber von dieser Gruppe, die weggeführt wurde, zu der Ihr Vater gehört hat, hat keiner eine Chance gehabt, zu fliehen?

B.: Ich weiß es nicht.

Rechts von dieser Straße befand sich das Lager Deblins,
im Hintergrund beginnt gleich die Stadt

K.: Können Sie sich noch erinnern, von wie vielen Soldaten die Gruppe bewacht wurde?

B.: Man hat alle paar Schritte Leute mit Gewehren gesehen. Es waren Leute von der Gendarmerie und auch andere von außerhalb, die nicht in Deblin stationiert waren. Wir haben sie immer als SD bezeichnet, sie hatten olivgrüne Uniformen und schwarze Schulterklappen, so ist es mir in Erinnerung geblieben. Ob es wirklich so war, ich weiß es nicht. Bei der Gendarmerie gab es einige Volksdeutsche. Polen haben sie nicht eingestellt. Die polnische Polizei blieb für sich und hatte keine Waffen.

K.: Hatten Sie auf Wenkart, den jüdischen Lagerleiter, nicht einen unglaublichen Haß?

B.: Was konnte dieser Mann dafür, er war ja auch nur Lakai, Befehlsempfänger. Man könnte auch sagen, durch sein Verhalten hat er das Lager überhaupt gerettet. Allerdings, wenn er meinen Vater nicht so beschimpft hätte, hätte dieser zumindest noch eine Chance gehabt, die nächsten zwei Jahre zu überleben.

K.: Wenn sich dieser Wenkart nicht so akkurat verhalten hätte, und der Vater wäre einfach im Lager geblieben, hätte man das überhaupt bemerkt, bei 800 Lagergefangenen?

B.: Wahrscheinlich nicht. Aber wir sind ja alle zur Arbeit gegangen. Und einfach mitzugehen, das wäre nicht möglich gewesen. Man brauchte eine Blechmarke, denn ohne konnte man das Lager nicht Richtung Schulplatz verlassen.

K.: Hätte man die nicht besorgen können?

B.: (schweigt) Nein, die Arbeitsbescheinigung hatte ich ja an diesem Morgen schon besorgt, aber bis diese im Lager ankam, hatte man ihn bereits abgeführt. Wir haben uns ja alle immer so verhalten, daß wir ja nichts gefährdeten. Ob es richtig oder falsch war, wer kann das heute beurteilen. Wenkart hat sich jedenfalls immer gerühmt, daß es ihm gelungen war, bis '44 das Lager sogar mit 36 Kindern zu halten. »Ich war der Lagerführer«, hat er immer gesagt – und das ist ja unbestreitbar. »Ich habe das gemanagt, daß wir nicht irgendwo in ein Vernichtungslager gekommen sind.« Mein Onkel hat später gesagt, wir verdanken Wenkart alle das Leben. Vergessen Sie nicht, mein Cousin, der heute Rabbiner in New York ist, war zu dem Zeitpunkt acht, neun Jahre alt. Er war im Lager und ging nicht einmal zur Arbeit. Er hielt sich einfach im Lager auf. Für meinen Onkel war das alles Wenkart zu verdanken. Für die 36 Kinder im Lager gab es sogar eine Betreuerin, und das war alles nicht offiziell.
Wir haben auch nicht gehungert. Zum Beispiel gab es manchmal Fleisch, wenn auch Pferdefleisch. Ich habe lange nicht gewußt, daß es Pferdefleisch war, irgendwann habe ich es zufällig erfahren.

K.: *Hätten Sie, streng jüdisch genommen, Pferdefleisch essen dürfen?*

B.: Nein, denn es war nicht nach dem jüdischen Ritus geschlachtet. Aber kein Jude hat je ein Pferd geschlachtet. Pferdefleisch an sich ist nicht a priori unkoscher. Unkoscher sind Schwein, Esel und die Schalentiere, aber das sind ja schon wieder Fische. Es gab jeden Abend ein Viertel oder ein fünftel Brot, zweimal die Woche entweder Marmelade oder ein paar Gramm Zucker, ein paar Zigaretten.

K.: *Sie haben erzählt, daß nach Ihrer Befreiung auch Polen Juden erschossen haben ...*

B.: In Deblin sind 26 oder 36 Juden geflüchtet, die meisten sind von Polen erschossen worden. Gestern habe ich hier in Warschau bei der Friedrich-Naumann-Stiftung einen Vortrag gehalten, und die Frage eines der Teilnehmer im Anschluß kam mir sehr gelegen. Er sprach über das Rationale und Irrationale von Fremdenhaß und Antisemitismus, im Fall der Juden hielt er Fremdenhaß für irrational, aber im Fall der Fremden für rational. Ihm habe ich vom ehemaligen Vorsitzenden der jüdischen Gemeinde in Deblin erzählt, der vor dem Krieg als Herrenschneider für die ganze Umgebung tätig gewesen war. Die polnischen Offiziere ließen sich bei ihm ihre Uniformen nähen, und er war in der Stadt sehr bekannt und beliebt. Sein Sohn hat mit der Mutter und der Schwester den Krieg überlebt und kam im Januar oder Februar 1945 nach Deblin zurück. Irgendwann ging er abends für eine halbe Stunde spazieren, und als er zurückkam, hatten die Polen seine Mutter und seine Schwester umgebracht, die Polen. Nur, weil sie Juden waren.

K.: *Wieso sind die Transporte von Deblin nach Treblinka gegangen und nicht nach Majdanek, das räumlich viel näher lag?*

B.: Majdanek wurde, glaube ich, erst später eingerichtet. Der erste Transport aus Deblin, im Juni 1942, ging nach Sobibor, der zweite sowie innerhalb weniger Tage der dritte im Oktober '42 gingen nach Treblinka. Das Lager Treblinka lag etwa 180 km von Deblin entfernt, es hat ja überhaupt nur etwa zehn Monate lang bis August 1943 existiert. Nach Treblinka sind hauptsächlich Transporte aus Warschau gegangen und eben aus Deblin.

K.: *Das Lager Deblin gehörte, wenn man so etwas überhaupt sagen kann, demnach nicht zu den schlimmsten Lagern . . .*

Blick auf das Gelände des ehemaligen Lagers

B.: Wenn man das Lager in Deblin mit anderen vergleicht, ja. Bei uns gab es keine Skelette, und es ist keiner Hungers gestorben, und das bis Juni '44. Allerdings hatte nur ich aus meiner Familie Glück. Die meisten Lagerinsassen aus Deblin sind zwischen Januar und Mai '45 doch noch ermordet worden, wie mein Vater, mein Bruder und meine Schwester schon vorher.

K.: *Danach wurden Sie, weil die Front näher rückte, im Sommer 1944 noch nach Tschenstochau in ein weiteres Arbeitslager gebracht? Wie waren dort die Lebensbedingungen?*

B.: Auch in Tschenstochau gab es nicht weniger Essen als in Deblin, aber die Arbeitsbedingungen waren härter und die Bewachung war schärfer. Bewacht wurden wir hauptsächlich von freiwilligen Ukrainern in SS-Uniformen. Man konnte dort schon aus irgendeinem nichtigen Grund Schläge bekommen. Es gab den Kommandanten der jüdischen Polizei und einen jüdischen Lagerführer. Der Chef der jüdischen Polizei hieß Frenkel, er lebt jetzt in Israel, zuvor hat er eine Zeitlang in Wien gelebt. Er hat nach außen verdrehte Hände, weil er mal acht Stunden hing, an den Händen aufgehängt. Er hatte nicht sagen wollen, wer bei irgendeiner Klauerei in »seinem« Lager der Schuldige war oder was immer. Dem Häftling drohte die Todesstrafe. Frenkel blieb trotzdem Polizeikommandant, obwohl sie ihn zum Sündenbock machten. Er hat heute noch verdrehte Hände. In Tschenstochau gab es übrigens auch die Prügelstrafe, 25 Schläge oder mehr.

K.: Sie sind aber auch dort nie geprügelt worden?

B.: Nein, auch dort nie. Ich war das, was man einen braven Lagerinsassen nennt. Nur einmal bekam ich ein oder zwei Ohrfeigen, weil ich zu lange auf der Toilette blieb. Mein Glück war, daß Menschen mich mochten.

K.: Dabei waren Sie doch als Postbote in Deblin gar nicht so sehr angepaßt . . .

B.: Als Postbote war ich mir dessen bewußt, was ich tue, allerdings war die Gefahr nicht ganz so groß, denn der Dienststellenleiter der Post hat ja mitgemacht. Wenn er nicht mitgemacht hätte, hätte ich wahrscheinlich gar nichts tun können.
Wenn ich die Geldbriefe raussortiert hatte, gab ich sie den Empfängern, immer direkt ihnen. Es waren fast ausschließlich Briefe für die Wiener, von Freunden. Ich habe den Lagerleuten immer gesagt: »Schreibt euren Freunden, daß die Gefahr des Erwischtwerdens groß ist, die Post geht durch eine

Zensur. Wenn der Dienststellenleiter sich das mal anders überlegt und mir die Briefe nicht mehr gibt und sie zur Zensur schickt, dann seid ihr dran. Sie sollen kein Geld schicken.«

K.: Haben Sie immer den ganzen Brief weggenommen oder nur das Geld entnommen?

B.: Immer den ganzen Brief. Ich durfte ungefähr zehn Prozent der Briefe raussortieren. Es kam vor Ausbruch des Krieges mit Rußland auch Post aus Rußland. Das Ghetto bestand von Februar '41 bis September '42. Bis Juni '41 kam sogar viel Post aus Rußland von denen, die nach Rußland abgehauen waren.

K.: Haben Sie jemals richtig rausfinden können, ob oder woran Ihre beiden Geschwister gestorben sind?

B.: Nein, nie. Ich habe nie erfahren, was mit ihnen geschehen ist. Mein Bruder Jakob wäre jetzt 86 Jahre alt und meine Schwester Hadassa, die mit ihm geflüchtet ist, 75.

K.: Vielleicht leben sie noch?

B.: Oje, nein. Erstens kamen nach '45 fast alle polnischen Juden, auch diejenigen, die nach Sibirien verschickt worden waren, bis auf ganz wenige Ausnahmen zurück. Zweitens wäre mein Bruder Jakob auf jeden Fall zurückgekehrt, um die Familie zu suchen. Jedes Rote Kreuz hatte meinen Namen und auch die Namen der Personen, die ich suchte.

K.: Aber in der Sowjetunion gab es doch den in den zwanziger Jahren gegründeten Judenstaat, das Jüdische Autonome Gebiet um die Hauptstadt Birobidschan an der Sibirischen Bahn, vor der chinesischen Grenze . . .

B.: Nach Birobidschan sind die Leute, die aus Polen gekommen sind, nicht mehr geschickt worden. Sie wurden nach Sibirien verbannt. Nach Birobidschan sind nach der Gründung, Ende der zwanziger Jahre, viele Juden gezogen, dort lebten zeitweise 80 Prozent Juden. Das hat sich jedoch später alles verwässert. Nach 1945 lag der jüdische Anteil nur noch bei zehn bis fünfzehn Prozent, und heute ist es nicht mal mehr das.

K.: Wann haben Sie Genaueres über das Schicksal Ihres Vaters erfahren?

B.: Daß der Ort, an den mein Vater deportiert wurde, Treblinka hieß, habe ich noch im Lager erfahren. Und später in Lublin hat sich das alles bestätigt.

K.: Daß er in Treblinka war?

B.: Nein, daß es ein Treblinka gab und daß Treblinka ein Vernichtungslager war, so wie er es geschildert hat. Das hat sich dann bestätigt. Er hat mir ja auch nie gesagt, dein Vater war mit dabei, er hat nur aufgezählt, wen er alles in den Ofen geschoben hat.

K.: Wer?

B.: Dieser Mann, der von Treblinka abgehauen war.

K.: Wie haben Sie ihn getroffen?

B.: Im Lager in Deblin, er war aus Treblinka geflüchtet. Später habe ich ihn nie wiedergesehen. Anfang 1943 kam dieser Mann aus Deblin, der im September oder Oktober '42 nach Treblinka deportiert worden war, und erzählte von Treblinka. Es sind nur ganz wenige Juden bekannt, denen es gelang, aus Treblinka zu fliehen. Er war einer von ihnen. Er blieb nur eine Nacht und sagte, früher oder später erwarte uns alle das gleiche Schicksal.

K.: Er hatte also, wie Sie sagen, Leichen in den Ofen geschoben und konnte dann irgendwie flüchten?

B.: Er hat folgendes erzählt: Von jedem Transport, der ankam, wurden kräftige Männer ausgesucht, die beim Leichenwegschaffen, beim Sortieren der Habseligkeiten, beim Verpacken und Verladen der Kleidung in die Waggons, beim Schieben der Leichen in die Öfen mitmachen mußten. Und er sagte: »Bevor ein neuer Transport kam, wurden die vernichtet, wurden die umgebracht, die schon da waren. Länger als zwei Wochen hat keiner dort überlebt.« Bei den Transporten, die ankamen, stiegen die Leute vom Zug, dann war da ein Bahnhof, und hier war das Bahnhofsgebäude (I. B. skizziert die Lage der Gebäude auf einem leeren Briefumschlag), und da gingen die Ankömmlinge ins vorgetäuschte Bahnhofsgebäude rein, es waren Gaskammern.

K.: Sind die Menschen dort, wie in Auschwitz, zum Duschen hineingegangen? Und das Personal mußte, wenn die Arbeit eines Transports erledigt war, auch hinein?

B.: Ich weiß nicht wie, er hat mir nicht erzählt, wie, oder: dann bin ich durch diese Tür oder jene Tür ... (schweigt)

K.: Er hat jedenfalls abhauen können ...

B.: Er hat das auch nicht mir persönlich erzählt, er hat es in der Gruppe erzählt.

K.: Aber er konnte entkommen ...

B.: (erregt) Ich habe mit ihm nicht gesprochen, wie Sie jetzt mit mir, und wie es denn da war. Ich kann auch heute nicht darüber reden. Wenn Sie mich so fragen, wie ist einer wann in welches Zimmer . . .

K.: *Entschuldigen Sie bitte.*

B.: (scharf, verletzt) Es tut mir leid, dies kommt mir vor wie ein Verhör, ob es auch wirklich so war. Ich besitze eine Videokassette mit einer Beschreibung, wie es dort zuging. Ich habe sie bis heute nicht angesehen und werde es wohl nie tun.

K.: *Nein, nein, um Gottes willen . . . Es tut mir leid.*

B.: Aber so kommt es mir vor, das muß ich Ihnen sagen, wenn Sie so nach jedem Detail, wie in einer kriminaltechnischen Untersuchung fragen . . .

K.: *Es tut mir wirklich leid, ich verstehe, was Sie meinen.*

B.: (heftig) Nein, es ist keine kriminaltechnische Untersuchung, die wir jetzt hier machen.

K.: *Nein, natürlich nicht, Neugier und Entsetzen sind mit mir durchgegangen . . .*

B.: (erregt) Ja, aber es gibt keine Antwort darauf. Ich weiß nur so viel: Die Leute sind nach Treblinka gekommen, dann wurden gleich am Bahnsteig ein paar ausgesondert, und die anderen sollten . . . Wie die anderen umgebracht wurden, ich weiß es nicht. Es gab ja den Treblinka-Prozeß, ich bin weder hingegangen, noch habe ich je darüber etwas lesen wollen. (knapp) Und ich war nicht dort in Treblinka.

Der Judenrat, die Kapos und
die Befreiung in Tschenstochau

K.: Wie groß und wie einflußreich war der Judenrat im Ghetto in Deblin?

B.: Keine Ahnung.

K.: Wie haben sich seine Mitglieder im Alltag verhalten?

B.: Sie waren Befehlsempfänger und Vollstreckungsbeamte, wenn Sie so wollen, die hatten nichts zu sagen. Sie haben zum Beispiel, wenn es etwa eine Anforderung gab, hundert Leute zu dieser oder jener Arbeit zusammenstellen müssen, Listen gehabt und danach eingeteilt.

K.: Hat der Judenrat auch versucht, bei Deportationen einzugreifen?

B.: Nein, gar nicht. Aber bei der ersten Deportation durfte er dableiben, für Ordnung sorgen. Es gab auch eine sogenannte Ordnungspolizei, ohne Waffen. Sie durfte im Ghetto bleiben, aber sie war nicht unbedingt sicherer als andere. Sie wurde übrigens beim zweiten Transport mit deportiert. In Warschau und in Lodz gab es Judenräte von größerer Bedeutung. Der Vorsitzende des Judenrates in Warschau hat ja Selbstmord verübt, als er immer wieder Leute ausliefern sollte, aber erfahren hatte, daß diese Transporte nach Treblinka gingen. Da wollte er nicht mehr.

K.: Wie war das mit den Kapos, den jüdischen Gehilfen der Aufseher im Lager?

B.: Die berüchtigten Kapos gab es in den Lagern Buchenwald und Auschwitz. Wir hatten zwar in Deblin auch Kapos, aber sie hatten keine Bedeutung, gar keine Bedeutung. Auch in Tschenstochau hatten die Kapos wenig Bedeutung, einem allerdings, Walter Apel, verdanke ich es, daß ich nicht zusammen mit den Rosenfelds deportiert wurde.

K.: Wie kamen Sie aus dem Lager Deblin nach Tschenstochau ins Lager?

B.: Im Juni 1944 standen die Russen nur noch wenige Kilometer vor Deblin, das Lager befand sich nicht sehr weit entfernt von der Weichsel. Zu diesem Zeitpunkt wurde das Lager verlegt. Erst ging ein Transport mit einem Teil der Häftlinge weg und dann der zweite Transport, in diesen zwei bis

Auf dieser Straße wurde der Vater abgeführt – nach Treblinka.
Im Hintergrund rechts das Lager der russischen Kriegsgefangenen

drei Tagen, bevor die Russen nach Deblin kamen. Es sind Leute geflüchtet – die meisten von ihnen wurden von Polen erschossen, als die Russen noch drei Tage vor Deblin standen. Ich bin dann mit dem zweiten Transport nach Tschenstochau in dieses andere Arbeitslager gekommen, ebenso wie meine spätere Frau und ihre Familie.

Bis Juni '44 bestand in Deblin ja die Bewachung lediglich aus einem deutschen Unteroffizier und der jüdischen Polizei. In Tschenstochau bestand die Bewachung aus freiwilligen SS-Ukrainern. Der Lagerleiter war kein Jude, es gab zwar auch einen jüdischen namens Jolles, aber der eigentliche Chef war Bartenschläger, ein SS-Mann. Dort im Lager habe ich bei der Herstellung von Karabinerkugeln gearbeitet. Schon im Dezember 1944 ging ein erster Transport nach Westen, in ein anderes Lager. Wir wußten nicht, wohin diese Transporte gingen. Wir übriggebliebenen Häftlinge sollten alle noch am 15. Januar 1945 abends weggeschickt werden, man hörte schon den Geschützdonner der Russen. Es wurde kein geordneter Rücktransport mehr. Die Wachen kamen rein, und es hieß »raus, raus, antreten«. Ich hab' mich, wie noch einige andere, unter einem Strohsack versteckt, leichter zu finden ging es gar nicht. Aber die Wachen haben mich nicht entdeckt. Am nächsten Morgen um sechs Uhr war keine Bewachung mehr da. Man lag versteckt im Lager und wußte nicht, sind sie noch da oder nicht. Dann sind wir raus auf die Straße, Richtung Osten. Nach nicht mal 500 Metern kamen wir in die Stadt, und dort fuhren schon die russischen Panzer.

Die Transporte, die noch Anfang 1945 von Tschenstochau zusammengestellt wurden, gingen in verschiedene Lager. Mein späterer Schwiegervater und mein späterer Schwager kamen von dort nach Buchenwald. Überlebt hat nur mein Schwager. Mein Schwiegervater hat den Mai zwar erlebt, aber nicht lange überlebt. Er ist acht Tage nach der Befreiung gestorben, weil er keine Nahrung mehr zu sich nehmen konnte. Er hatte seine schmale Ration gegen Zigaretten getauscht, er war Kettenraucher. Meine spätere Frau und ihre Mutter kamen von Tschenstochau nach Bergen-Belsen. Sie mußten von dort zu Fuß über Burgau, Türkheim nach Dachau marschieren. In Türkheim wurden sie getrennt. Meine Frau wurde in Dachau befreit. Lediglich meine spätere Schwägerin blieb in Tschenstochau und wurde dort befreit – wie ich. Das alles geschah noch zwischen Januar und Mai 1945.

Kürzlich habe ich ABC-Night Live ein Interview gegeben. Am nächsten Tag kam ein Anruf von einem Schulkameraden, der mir auch einen Brief geschrieben hat. Er wußte, daß ich überlebt hatte, aber ich wußte nichts von ihm. Er war nicht in der gleichen Klasse gewesen wie ich, aber er war auch im Ghetto. Er zählte damals zu meinen Kameraden und lebt jetzt in den USA, in Chicago.

K.: Wie konnten Sie all das verkraften, psychisch überleben? Sie waren doch noch fast ein Kind.

B.: Ich habe es verdrängt. Mir ist es gelungen zu verdrängen. Ich habe, so wie ich es Ihnen jetzt erzähle, bis vor zehn Jahren mit niemandem darüber gesprochen. Meine alten Bekannten kennen meine Geschichte nicht. Keiner von ihnen weiß, wo ich überlebt habe, wie ich überlebt habe, was ich gemacht habe. Und wenn ich in den letzten zehn Jahren doch auf solche Fragen geantwortet habe, dann, weil ich erst seit zehn Jahren auf diese Fragen antworte. Bis dahin habe ich darauf keine Antwort gegeben. Mein alter Freund Heinz Holl in Berlin hat bis heute keine Ahnung, wo ich war und wie ich überlebt habe.

K.: Wie kam es, daß Sie anfingen, darüber zu sprechen? Hat Ihre Tochter Ihnen über diese Zeit Fragen gestellt?

B.: Nein. Mit der Tochter hab' ich auch nicht darüber gesprochen. Das erste Mal haben wir angefangen darüber zu sprechen, als der Film »Holocaust« im Fernsehen lief. Danach haben meine Frau und ich das erste Mal mit unserer Tochter über diese Zeit gesprochen, sie war damals 15, 16 Jahre alt. Und danach eigentlich auch nicht mehr. Unsere Tochter spricht uns auch auf diese Zeit nicht an, sie fragt auch nicht, wie war's, was war denn. Bis heute nicht.

K.: Ihre Tochter hat vor einiger Zeit in der Zeitschrift »Tribüne« einen Aufsatz über Hannah Arendt geschrieben und in diesem Zusammenhang auch sehr differenziert die Problematik der Kapos erörtert . . .

B.: Ja. Sie setzt sich damit auseinander, aber sie spricht nicht mit uns darüber. Sie hat mir den Aufsatz auch erst gezeigt, als er schon veröffentlicht war.

K.: Sie haben viel später in der Jüdischen Gemeinde in Frankfurt den ehemaligen jüdischen Lagerleiter Wenkart aus Deblin wiedergetroffen. Wie war das, als Sie ihn in den sechziger Jahren zum ersten Mal wiedersahen?

B.: Im Lager hatte er sich aufgeführt wie der König der Juden. Als er nach Frankfurt kam, sah man sich. Ich habe ihn sofort wiedererkannt, es war ja gerade mal zwanzig Jahre her, und weder Name noch Person waren ein Geheimnis. Er stammte bekanntlich aus Wien und gehörte in Deblin zur ersten Gruppe im Lager. Mein Onkel, der ebenfalls in Deblin im Lager war, ließ jedoch später kein böses Wort auf diesen ehemaligen Lagerkommandanten kommen. Ich habe Wenkart eigentlich nichts nachgetragen. Ich bin nur einmal explodiert, als er mich in einer Gemeindeversammlung mit den Worten anschnauzte: »Ich könnte Ihr Vater sein.« Darauf habe ich geantwortet: »Sie könnten niemals mein Vater sein, und jemanden wie Sie hätte ich nicht zum Vater haben wollen. Sie haben meinen Vater sogar auf dem Gewissen.« Daraufhin hat er mich verklagt, aber die Klage irgendwann zurückgenommen.

Er kam auch einmal vor diesem Zwischenfall bei einer Gemeinderatswahl zu mir, zeigte mir eine Liste und sagte: »Herr Bubis, ich hab' schon 300 Unterschriften für uns, ich habe eine Liste erstellt, die wir beide anführen und habe dafür Unterschriften gesammelt.« Ich sagte: »Herr Wenkart, mit Ihnen kandidiere ich nicht, und das werden Sie sicher auch verstehen.« Als er danach wieder kandidiert hat, hab' ich ein Schreiben an die Gemeindemitglieder versandt, in dem stand, es müsse nicht sein, daß jemand, der von '42 bis '45 Lagerkommandant war, im Vorstand der Jüdischen Gemeinde Frankfurt vertreten sei. Mein Onkel dagegen ließ kein böses Wort auf ihn kommen. Den Brief gegen Wenkart wollte er nicht unterschreiben. Die meisten Lagerinsassen – soweit sie den Krieg überlebt hatten – haben den Brief mit unterschrieben. Wenkart ist damals nicht gewählt worden und zog später wieder zurück nach Wien. Inzwischen ist er längst verstorben.

K.: Ich habe den Eindruck, daß Sie heute bis auf ein Thema über diese Zeit sprechen können, das Unaussprechliche aber trägt den Namen Treblinka.

B.: Ja, dieses Thema heißt Treblinka. Ich habe es lange gemieden. 1989, im Alter von 62 Jahren, bin ich zum ersten Mal nach Treblinka gefahren. Ich hatte diese Reise nie richtig verschoben, ich hatte immer einen Grund, warum ich nicht hingefahren bin. Ich habe mir selbst gesagt, du kannst nicht kneifen, du mußt einmal hingehen. An diesem Tag habe ich mir den Zwang auferlegt, diesmal hinzugehen, Ausreden für mich selbst nicht mehr zuzulassen. Ich wollte ja einerseits immer hin, andererseits hatte ich Angst vor dem Moment, wenn ich dort sein würde. Ich hatte nicht wirklich Angst davor, aber ich wollte nicht mit der Wahrheit konfrontiert werden, daß mein Vater tatsächlich dort umgekommen ist. Doch es war für mich eine Pflicht, dorthin zu gehen, wo die Asche meines Vaters liegt.

Im heutigen Treblinka gibt es nichts mehr zu sehen, gar nichts mehr. Das Vernichtungslager hat ja nur etwa zehn Monate existiert, und davon ist keine Spur übriggeblieben. Es gab dort eine Abzweigung der Schienen vom Bahnhof ins Lager, auch von ihnen ist nichts mehr zu sehen. Das Lager wurde noch 1943 von den Nazis niedergerissen, die Schienen vom Bahnhof bis Treblinka wurden weggenommen. Es blieb keine Spur. Eigentlich spreche ich ohne Emotionen über diese ganze Zeit, seit ich dort in Treblinka war. Ich hatte damals einen regelrechten Zusammenbruch. Ich hatte versucht Treblinka zu verdrängen, aber es war mir nicht gelungen.

Als ich dieses erste und einzige Mal nach Treblinka kam, begleiteten mich zwei Kollegen aus dem Zentralrat. Sie merkten, was in mir vorging, und sie ließen mich gehen. Ich habe meine Schritte beschleunigt, weil ich allein sein wollte, und sie haben das gespürt. Seither spreche ich. Ich glaube nicht, daß ich noch einmal nach Treblinka gehe, ich weiß es nicht. Aber seither fällt mir das Sprechen über meine Vergangenheit leichter. Denn plötzlich wirkte meine eigene Vergangenheit auf mich harmlos, gemessen an dem, was mein Vater erlitten hatte. Seither spreche ich ohne Emotionen darüber, aber ich spreche ungern davon.

Die wilden 40er und
die erfolgreichen 50er Jahre

Der junge Mann, der irgendwann zwischen Juni 1945 und November 1946 aus Polen kommend über den kurzen Zwischenstop Berlin in Dresden anlandet, blickt nicht mehr zurück. Ein schmales pfiffiges Gesicht, die schlaksige Gestalt in einen langen Ledermantel gehüllt, mit verwegen hochgeschlagenem Kragen. Ein wenig wie ein Draufgänger sieht Ignatz Bubis aus, als er mit 18 oder knapp 19 Jahren gemeinsam mit dem Freund aus dem Deblinger Lager in Dresden die »Tauschzentrale« eröffnet. Er stürzt sich mit ganzer Kraft ins Geschäft, wie er das sein Leben lang tun wird – alles oder nichts. Berlin ist weiträumig zerbombt, und vor allem Dresden hat unter dem Bombenhagel der Alliierten schwer gelitten. Der Krieg ist vorbei, das tausendjährige Nazireich hat gerade zwölf Jahre gehalten. Zu lange für die Millionen Juden, Kommunisten, Homosexuellen und Sinti wie Roma, die in den Vernichtungslagern ums Leben kamen, nicht lange genug, denken klammheimlich noch viele in Deutschland. Der Rausch, den die fahnenschwingenden Paraden und einpeitschenden Reden eines Goebbels oder Hitler in vielen Deutschen ausgelöst hatten, ist der völligen Ernüchterung gewichen. Die Deutschen sind die Verlierer, und sie müssen umdenken. In größeren Städten zwingen amerikanische Soldaten deutsche Fräuleins und Kriegsheimkehrer, sich die Bilder anzusehen, die in Vernichtungs- und Konzentrationslagern aufgenommen worden waren. Menschen mit vor Hunger riesigen Augen, bis auf die Skelette abgemagert, grauenhafte Leichenberge, Berge von Brillen, von Schuhen, von Kleidern. Viele der Zuschauer in den Kinosälen erschaudern erst jetzt über das, was doch jahrelang vor ihren Augen geschah: die langen Schlangen der Deportierten, die Schilder »Kauft nicht bei Juden«, die Menschen, die in aller Öffentlichkeit in den Straßen Berlins, Hamburgs oder Saarbrückens zum Gespött der Passanten auf Knien die Straße schrubben mußten, nur weil sie jüdischen Glaubens waren. Nein, wirklich vernichten hatte man sie doch nicht gewollt, und gewußt hatte man davon schon gar nichts. Dabei stand Hitlers »Mein Kampf« zuvor in allen Regalen, und wer darin gelesen hatte, hatte es wissen können.

Die Menschen im von den Amerikanern, Engländern und Franzosen besetzten Westen – wie auch in dem von Russen beanspruchten Osten Deutschlands machen sich daran, die Ärmel hochzukrempeln, um wiederaufzubauen. Man schweigt über das, was gewesen ist. Hitler ist tot, lautet die Devise im Westen, fügen wir uns also notgedrungen den Siegern, den Demokraten. Zögernd und mißtrauisch kehrt auch ein Teil derjenigen zurück, die deportiert, eingesperrt und vertrieben worden waren. Lager sind eingerichtet, für Displaced Persons, für von irgendwoher nach irgendwohin verschobene Menschen, die alles verloren haben. Einige davon sind jüdische Deutsche, die nach Israel oder in die USA auswandern wollen.

Auch Ignatz Bubis verbringt, in Berlin angekommen, erst einmal ein paar Tage im DP-Lager in Schlachtensee. Der 18jährige hat genug von Lagern, er erträgt sie nicht mehr. Er schlägt sich weiter nach Dresden durch, um Geschäftsmann zu werden. Den Deutschen, die in Deutschland hatten frei bleiben dürfen, fehlt es an vielem. Begehrt sind Kaffee, Kakao, Zigaretten. Der junge Ignatz Bubis erkennt eine Marktchance.

B.: Ich bin in Verlegenheit. Ich habe immer gedacht, ich sei im Dezember '45 nach Berlin gekommen oder im November

45. Dann habe ich meine polizeiliche Anmeldung gefunden, die besagt, daß es doch erst '46 war. Nun kann es aber durchaus sein, daß ich mich erst später polizeilich gemeldet habe. Ich weiß nur, daß ich erst in Lodz in Polen und dann in Lublin und irgendwann auch etwa drei Monate in Breslau, meiner Geburtsstadt, war. Ein Onkel von mir war in Lublin und wollte nach Lodz. Ob es damit zu tun hatte, daß Lodz die Textilstadt Deutsch-Polens war und der Onkel ein Textilgeschäft gehabt hatte? Ich weiß es nicht mehr.

K.: Schildern Sie doch bitte erst einmal, wie die Befreiung genau vor sich ging, und die ersten Tage danach.

B.: Ich ging erst mal raus aus dem Lager, Richtung Osten, weil im Westen noch gekämpft wurde und die Gefahr eines Rückschlages bestand. Ich ging eigentlich gleich mit meinem Freund Cyril aus dem Lager zu Fuß nach Lublin. Dort war der Sitz der provisorischen polnischen Regierung, und es hieß, alle jüdischen Überlebenden sammeln sich in Lublin. Es gab dort eine Betreuungsstelle für die aus dem Lager Kommenden, so etwas hat es ja nicht in jedem Dorf gegeben. Die Überlebenden haben sich ja auch nicht in jedem Städtchen oder an jedem Ort aufhalten wollen. Lublin war das Zentrum. Ich bin also nach Lublin, ich weiß nicht mal mehr, wie und wo ich dort gewohnt habe. Dann bin ich mit meinem Onkel aber von Lublin sehr schnell nach Lodz. Danach begann der Trip nach Westen.

K.: Wie war das, wenn man nach dem Lager in Lublin ankam. Suchte man nach Verwandten, Bekannten? Wen traf man in der Stadt?

B.: Natürlich hat man sich erst mal angemeldet. Dann habe ich angefangen, zunächst nach dem Bruder meines Vaters in

Rußland zu suchen. Er war der erste, nach dem ich übers Rote Kreuz gefahndet habe. Die Menschen, die sich in Lublin sammelten, unterhielten sich natürlich, man tauschte sich aus. Von Lodz bin ich zusammen mit Cyril nach Breslau und dann später über Berlin nach Dresden. Der Onkel ging von Lodz direkt nach Berlin, und deshalb haben wir uns in Lodz getrennt. Als ich aus dem Lager in Polen kam, hatte ich gar nichts, nach Lublin war ich zu Fuß gelaufen. Dort bekam man Taschengeld und zu essen. In Lodz habe ich mit Pferden gehandelt, und zwar habe ich mit den Russen Wodka gegen Militärpferde getauscht und die wiederum an Bauern gegen Lebensmittel verkauft. Geld war nicht so gefragt. Die Lebensmittel konnte man ja nicht allesamt aufessen, also hat man einen Teil verkauft und auf diese Weise auch ein bißchen Geld verdient, obwohl das Geld gar nichts wert war. Man rechnete alles in Dollar, und ein Dollar entsprach 200 oder 300 Reichsmark.

Mein Onkel war also nach Berlin gegangen, ließ sich dort im DP-Lager für Amerika registrieren und ist, 1950 glaube ich, mit der ganzen Familie in die USA gegangen. Ich folgte ihm mit Cyril zunächst von Breslau nach Berlin, und wir waren auch irgendwann drei Tage im DP-Lager in Berlin-Schlachtensee. Aber ich wollte gleich wieder raus, Cyril blieb. Vielleicht war ich auch länger dort und habe das so sehr verdrängt, daß ich mich nur noch an drei Nächte erinnere. Ich wollte nicht schon wieder in einem Lager sein.

Dann bin ich in die Stadt gezogen, nach Berlin hinein, ins »Hotel National«. Dort habe ich mir auf Dauer ein Zimmer gemietet, und von dort bin ich dann erst einmal nach Dresden. Von Dresden aus kam ich jedes Wochenende nach Berlin, die Woche über blieb ich in Dresden. Es fing ja alles damit an, daß die russische Miltäradministration in Berlin Wertsachen gegen Devisen aufkaufte, das war bekannt. Also konnte man dort Brillanten verkaufen, Gold, Schmuck, Por-

Ignatz Bubis in der Dresdner Zeit

zellan. Damit hatte ich schon in West-Berlin angefangen. Der Besitzer des »Hotel National« wollte mir sogar Häuser und Aktien verkaufen, aber ich wollte nur Schmuck nehmen, weil ich wußte, was man damit anfangen kann. Dann boten die Russen die Möglichkeit solcher Läden an, es gab solche Handelszentralen in jeder größeren Stadt in der späteren DDR, in Leipzig, in Chemnitz, in Zwickau. Mein Freund und ich entschieden uns für Dresden. Wir kauften Schmuck, Porzellan, überhaupt Wertsachen auf und lieferten sie bei den Russen gegen Genußmittel ab, die Differenz war unser Gewinn.

K.: In Eva Demskis Porträt über Sie habe ich gelesen, daß Sie eine besondere Beziehung zum damaligen russischen Stadtkommandanten hatten.

B.: Ja, in der Dresdner Stadtkommandantur gab es einen Oberst Woischnitz, es ist einer der wenigen Namen, die ich aus dieser Zeit im Kopf behalten habe. Ich weiß nicht mehr, wie ich ihn kennengelernt hatte. Er war Oberst und Stadtkommandant, und als er einmal in unseren Laden kam, hat er gleich einen Narren an mir gefressen. Sein einziger Sohn war als 18jähriger im Krieg gefallen. Dieser Stadtkommandant rief mich immer nur Synok, das heißt Söhnchen. Nachher, 1948, als der Staat Israel gegründet wurde und ich noch in Dresden war, fragte er mich, ob ich nicht nach Israel wollte, »zum Kämpfen«.
Es gab in Berlin eine Stelle der Jewish Agency, wo man einen Ausweis bekommen konnte, gewissermaßen als Bewerbung, um nach Israel zu gehen, eine Art vorläufigen Ausweis. Einen solchen Ausweis hatte ich mir besorgt, ging aber nie hin.

K.: Sie waren 1948 auch zwei Wochen eingesperrt, habe ich gelesen . . .

B.: Ja, von der deutschen Polizei. Aber verhört wurde ich von den Russen, ich saß im Gefängnis am Münchner Platz in Dresden bei den Russen. Das war 1948, kurz nach der Übernahme durch die Zivilverwaltung. Die Militärverwaltung hatte ursprünglich das Sagen, und der Stadtkommandant war der Boß. Dieser Zustand ging dann zunächst in eine sowjetische Zivilverwaltung über. Jedenfalls hieß die sowjetische Militäradministration SMA, und die hat mich aus dem Laden geholt und erst nach zwei Wochen Haft wieder laufenlassen. Hinterher habe ich gehört, daß dieser Oberst Woischnitz jeden Tag dort vorgesprochen und gefragt hat, wieso ich inhaftiert sei. Mir ist nie gesagt worden, was man mir genau vorwarf. Ich konnte es mir aber selbst zusammenreimen. Wenn sie das genau gewußt hätten, wäre ich nicht so schnell wieder rausgekommen. Ich war nämlich jedes Wochenende nach West-Berlin gefahren und hatte russische Juden, Offiziere, die ich kannte, mitgenommen, quasi nach West-Berlin geschleust. Die meisten sind dann nach Israel gegangen.

Die Wagen wurden nie kontrolliert, weil ich einen besonderen Passierschein besaß. Ich hatte ja auch keine Zulassung für einen bestimmten Wagen, sondern nur eine für den Wagen, in dem ich jeweils saß. Ich habe sogar den Wagen des früheren Nazi-Außenministers Ribbentrop gefahren, weil der Oberbefehlshaber der Armee in der DDR, Marschall Sokolowskij, dem sowjetischen Außenminister Molotow zum sechzigsten Geburtstag einen Wagen schenken wollte, wie ihn Ribbentrop gefahren hatte. Es war ein Horch, die Konstruktionspläne gab es zwar nicht mehr, aber der Wagen Ribbentrops existierte noch. Dieses Modell kam nach Zwickau und wurde dort nachgebaut. In der Zeit habe ich ihn öfter gefahren, weil ich mit dem verantwortlichen Offizier der Horch-Werke befreundet war. Es war schon verrückt. Ich habe, wie gesagt, an Wochendenden am laufenden Band Leute nach West-Berlin mitgenommen.

K.: Wie haben die Leute gewußt, daß Sie Jude sind, Bubis klingt nicht unbedingt jüdisch?

B.: Bei Juden ist es nie ein Problem, sich zu erkennen, es gab ja viele, die versteckt gelebt haben. Gleich nach dem Krieg und gleich nach der Befreiung hatten viele noch Angst, sich als Juden zu bekennen. Morgen kann Hitler wiederkommen, haben sie gedacht. Dann gab es aber ein Wort, »amchu«, was soviel heißt wie »mein Volk«. Und wenn Juden sich zu erkennen geben wollten, haben sie in irgendeinen Satz das Wörtchen »amchu« eingestreut, völlig zusammenhanglos. Wenn der andere nicht reagiert hat, wußte er, der ist kein Jude. Es gab keine nicht-jüdischen Deutschen, die bei mir versucht hätten, über diesen Weg in den Westen zu gelangen. Mit Sicherheit gab es auch nicht-jüdisch-deutsche Pfade, aber dafür habe ich mich nie interessiert. Ich habe das ja auch nicht berufsmäßig getan, sondern nur geholfen, wenn mir einer gesagt hat, daß er will. Dann habe ich gesagt, gut, komm.

K.: Wie lebten Sie in Dresden, mit Ihren ja doch ganz verschiedenen Freunden?

B.: Ich verkehrte zum Beispiel häufig auf Schloß Albrechtsburg. Das Schloß war als Hotel für Ausländer eingerichtet, und man mußte dort mit Devisen zahlen. Da es auf der Elbe einen regen Verkehr mit der Tschechoslowakei gab, haben dort auch Tschechen übernachtet, und tschechische Kronen galten als Devisen. In Dresden wurden zwanzig Tschechenkronen für einen Dollar angerechnet, und in West-Berlin gab es für einen Dollar 2.000 Tschechenkronen. Das heißt, ich habe in Berlin für einen Dollar Tschechenkronen gekauft und hatte so plötzlich einen Wert von 100 Dollar. Damit konnte ich in Schloß Albrechtsburg die Rechnungen bezahlen. Ich ging dorthin zum Mittagessen, zum Abendessen, ich

Ignatz Bubis (rechts) mit Freund im Berlin der Nachkriegsjahre

habe dort Parties gefeiert, den Dresdner Sportclub, damals Sportgemeinschaft Friedrichstadt, nach Schloß Albrechtsburg zum Essen eingeladen. Auch andere russische Offiziere, mit denen ich befreundet war, kamen ins Schloß Albrechtsburg, dort lernte ich sie alle kennen.

Es war ein richtiggehendes Schloß, ganz edel, umfunktioniert zum Hotel. Der damalige Hausmeister von Schloß Albrechtsburg hat mir vor etwa einem Jahr geschrieben, er hatte mich irgendwo gehört oder gesehen. Ob ich der Bubis von der Sportgemeinschaft Friedrichstadt sei, der immer die Parties gefeiert hätte. Die mit Helmut Schön und der Mannschaft. Ich habe ja nachher die ganze Dresdner Fußballmannschaft nach West-Berlin rausgeholt, zu ihr gehörte auch der spätere Nationaltrainer Helmut Schön. Ich habe sie alle en bloc nach West-Berlin gebracht, nachdem ich selbst schon aus dem Osten abgehauen war.

Ich hatte, weil ich Russisch sprach, wirklich hervorragende Beziehungen. Da gab es beispielsweise die Deutra, die Deutsche Transport AG. Bei ihr konnte man Lastwagen oder Busse mieten, aber man brauchte eine Genehmigung vom Stadtkommandanten. Da ich aber ganz offiziell die Tauschzentrale betrieb, konnte ich auch die Fahrzeuge bekommen, mit denen ich die Waren aus Ost-Berlin für die Läden holte, um sie in Wertsachen umzutauschen, für die ich wiederum neue Waren holte. Abgeliefert habe ich meine Waren nicht beim Stadtkommandanten, sondern bei der russischen Sonderstelle in Ost-Berlin. Verrechnungsbasis waren US-Dollars, beziehungsweise man bekam Schokolade, Kaffee oder Zigaretten für Schmuck, Porzellan oder andere Wertsachen. Was ich eingekauft hatte, mußte ich nach Ost-Berlin rüberbringen, damals gab es bekanntlich die Mauer noch nicht. Man fuhr problemlos nach Ost-Berlin rein oder von Ost nach West. So besaß ich vor der Währungsreform einige tausend Dollar, das war damals viel Geld.

Ich hatte bei irgendeiner Gelegenheit mal einen Offizier kennengelernt, der einen Durchschuß im Kopf erlitten hatte. Draufhin hatte ihm der Arzt den Genuß von Alkohol verboten, mit der Begründung, in seinem Fall könnte Alkohol ganz leicht zu einem Gehirnschlag führen. Der Offizier hat daraufhin gemeint, er müßte nun doch mal mit Wodka testen, ob diese Prophezeiung eintrifft oder ob der Kopf nicht vielmehr völlig in Ordnung ist. Er hat deshalb so gut wie jeden Tag Parties veranstaltet, zu denen der Chef von Horch kam und der Chef einer Strumpffabrik aus der Umgegend, der Stadtkommandant von Berlin und wer sonst noch. Ich weiß selbst gar nicht, welche Funktion der Offizier genau hatte. Er war 50 und seine Frau vielleicht 25, er war fürchterlich eifersüchtig. Er hielt also seine Gelage ab und schoß auch einmal auf einen Kameraden, weil er ihn im Verdacht hatte, mit seiner Frau anzubandeln.

Vom Major aufwärts gab es besondere Läden, wo Militärs frei kaufen konnten, vom Krimsekt bis sonstwas. Und wenn der Oberst mal keine gute Laune hatte, rief er den Stadtkommandanten in Berlin an und alle, mit denen er befreundet war, und sagte ihnen, kommt rüber, wir machen eine Party heute. Eine solche Party dauerte in der Regel von Freitag bis Montag, und es gab nur Wodka.

K.: Und diese Gelage nannten die Russen »Party«?

B.: Ich weiß es nicht mehr genau, aber ich glaube es hieß Party. Ich war ein Freund des Hauses und mit allen Kumpel.

K.: Es hat aber geklappt mit dem Kopf des Obersten?

B.: Es hat geklappt. Bei ihm habe ich den Mann kennengelernt, der den Wagen von Ribbentrop fuhr. Ich sagte ihm, daß ich auch gerne mal diesen Wagen fahren würde. Er fragte mich, wann ich ihn fahren wollte, und gab mir dann den Wagen. Bei Gelegenheit sollte ich ihn zurückgeben. Dann rief er beispielsweise einmal den Stadtkommandanten in Berlin an, er möge rüberkommen zur Party, doch dessen Wagen war kaputt. »Ach, macht nichts«, sagte er, »ruf doch beim Polizeipräsidenten von Berlin an.« Und tatsächlich schickte ihm der Polizeipräsident von Berlin einen Wagen, so daß der Stadtkommandant Freitagabend eintraf. Und dann wurde wieder bis Montag gesoffen. Dort habe ich mir das Trinken von Wodka angewöhnt und wieder abgewöhnt. Die Flasche wurde stets nur einmal angesetzt und ausgetrunken. Ich habe die Russen damals als meine Befreier betrachtet und tue das heute noch.

K.: Frauen hatten in diesen Runden nichts zu suchen?

B.: Frauen gab es nur als Freundinnen.

K.: Gab es keine Frau, die eine Tauschzentrale eröffnen wollte?

B.: Nein, Frauen durften auch nicht mit zu den Parties. Das waren reine Männergesellschaften. Irgendwann einmal, an einem Sonntagmorgen, vermißte der Oberst plötzlich seine Frau. Sie war ins Kino gegangen. Er vermißte aber auch einen jungen Offizier, der besoffen im Bad lag. Dann sah er ihn aus dem Bad kommen, zu gleicher Zeit kam zufällig seine Frau herein, und er hat prompt auf den Offizier geschossen. (lacht)

K.: Sie erwähnten einmal, daß Ihr Freund Cyril Stamfater aus dem Debliner Lager, mit dem Sie in Dresden die Tauschzentrale unterhielten, eines Tages abgehauen ist. Wie ging das vor sich?

B.: Er wollte mit seiner Frau nach Argentinien auswandern.

Er hatte keine Beziehung zu Deutschland, er war Pole und fühlte sich hier fremd, sowohl in Berlin als auch in Dresden. Zum Zeitpunkt der Währungsreform haben wir uns getrennt. Nach der Teilung in Ost und West 1948 ist er dann von West-Berlin aus in ein DP-Lager nach Bayern gegangen. Ich besaß damals ein Meißner Service von Friedrich dem Großen, das ich ihm zur Hochzeit schenkte. Er bekam bei unserer Trennung darüber hinaus alles, was mit Hausrat zu tun hatte, eine korrekte Teilung. Dann holte er unter einem Vorwand den gesamten Bestand an Kaffee, Kakao und Schokolade aus unserem Lager und haute damit ab. Ich habe nie versucht, etwas zurückzubekommen, ich habe auch danach nie mehr mit ihm gesprochen. Es war mir eine Lehre.

K.: Und die Fußballmannschaft aus Dresden haben Sie 1950 einfach mal in ein Auto eingeladen und in den Westen gebracht?

B.: Ich selbst war zu diesem Zeitpunkt schon in Stuttgart und habe von dort aus die Flucht organisiert. Ich habe vom Westen aus eine Transportmöglichkeit besorgt, und die meisten sind mit herübergefahren. Geholfen hat mir dabei der damalige Hausmeister von Schloß Albrechtsburg, Josef Heblik. Helmut Schön war damals noch Spieler des SG Friedrichstadt. Der Fluchthilfe ging voraus, daß ich im Frühjahr 1950 eine Übertragung des letztes Spiels SG Friedrichstadt (daraus wurde später Dynamo Dresden) gegen Horch Zwickau in Stuttgart auf dem Killesberg im Radio gehört habe. Von dort oben konnte man Sender aus dem Osten empfangen. Es war die Zeit, als die Fußballmannschaften im Osten bereits in sogenannte Betriebssportgruppen umbenannt worden waren, mit Ausnahme des SG Friedrichstadt. Staatlicherseits vorgesehen war damals auch, daß nach der Auflösung des SG Friedrichstadt und der Umbenennung in eine Betriebssportgruppe nicht mehr als zwei der Spieler der bisherigen Mannschaft in ein und dieselbe Betriebssportgruppe gehen durften, die Mannschaft sollte gezielt auseinandergerissen werden. Bei diesem letzten Spiel SG Friedrichstadt gegen Horch Zwickau befanden sich 50.000 Zuschauer im Stadion, unter ihnen auch Walter Ulbricht. Die 50.000 brüllten, aber nicht für oder gegen die Spieler, sondern gegen Ulbricht. Man hatte damals Angst, es könnte während des Spiels sogar zu einer Revolte kommen. Die Zuschauer stürmten den Platz, denn das Spiel sollte aus politischen Gründen zugunsten von Horch Zwickau ausgehen. Die eigentlich schlechtere Mannschaft BSG Horch Zwickau sollte also gewinnen. Das Spiel endete dann auch 1:5. Nach diesem Spiel erfuhr ich, daß die Mannschaft aus dem Osten wegwollte. Als ich einige Zeit zuvor selbst geplant hatte, abzuhauen, hatte ich eine Nacht bei Helmut Schön verbracht, wir kannten uns gut und sind heute noch befreundet.

K.: Wann sind Sie selbst aus dem Osten in den Westen gekommen?

B.: Als es im August 1948 losging mit der Trennung Ost-West, wurde es im Osten schwieriger. Die Polizei im Osten suchte mich, und ich wußte nicht, warum. Ein russischer Freund, der wieder in die Sowjetunion zurückversetzt werden sollte, hatte mir seinen Wagen geschenkt. Er rief mich eines Freitagnachmittags an und fragte mich: »Hast du den Wagen im Hof stehen?« Er wußte, der Wagen stand immer im Hof. Ich sagte: »Ja, warum fragst du?« Er sagte: »Wolltest du nicht wie immer wegfahren heute? Dann fahr mal gleich. Setz dich rein und fahr los.« Ich sagte: »Warum?« Und er antwortete: »Wenn wir noch lange reden, wirst du nicht mehr fahren können.« Ich sagte ihm, er müsse doch wissen, was los sei, und daraufhin er: »Hier kannst du noch nicht mal deinen Bruder fragen.« Ich setzte mich also in den Wagen und – typisch

Ignatz Bubis – sagte mir, nein, ich fahr' nicht weg. Sagte also meinem Buchhalter, mit dem ich zusammenwohnte, Herrn Teich: »Herbert, paß mal auf, ich fahre jetzt zu Helmut Schön, dort bleibe ich erst mal. Du rufst mich von irgendwo, aber nicht von zu Hause, an und sagst mir, was passiert.« Ich wollte nur mal wissen, was geschieht – typisch für mich. Als viel später einmal bei mir ein Überfall geschah, bin ich den Einbrechern hinterhergerannt – die liefen vorn mit ihrer Pistole und ich ohne hinterher.

K.: Ist das Sturheit?

B.: Ja. Am nächsten Morgen rief Herbert an. Er erzählte mir, daß ich noch kaum weggefahren war, als die Herren kamen. Sie haben nach mir gefragt und hinterließen, wenn ich käme, möge ich mich bei einem bestimmten Polizeirevier melden. Nun wußte ich als Eingeweihter, daß bei diesem Revier auf der einen Straßenseite die Polizei war und vis à vis die Russen saßen, es handelte sich also um ein rein politisches Revier. Ich solle vorbeikommen, eine Anmeldeangelegenheit wäre nicht klar. Herbert versprach, daß ich Montag vorbeikäme. »Nein«, sagten die Herren, »er kann jederzeit heute kommen, es ist wichtig.« Um Mitternacht kamen sie wieder und hinterließen, der Fall hätte sich erledigt, ich bräuchte nicht mehr zu kommen. Sie kamen also um Mitternacht, um mir zu sagen, ich bräuchte nicht mehr zu kommen. Daraufhin war mir klar, daß ich wegmußte. Am nächsten Morgen bin ich dann mit meinem Wagen nicht die übliche Strecke gefahren, sondern von Dresden über Leipzig in den Westen. Die Herren sind zwar nicht in den Westen Berlins gekommen, aber ich bin nicht lange in West-Berlin geblieben. Ich hatte zu der Zeit immer noch eine Wohnung in West-Berlin, und später sogar drei, vier Jahre lang eine Villa im Grunewald, nicht weit vom Hohenzollerndamm. Die Villa gehörte mir, war aber nicht vermietet. Wäre es nach mir gegangen, wäre ich am liebsten in Berlin geblieben, aber meine Frau wollte nicht. Ich bin dann 1949 von Berlin zunächst einmal nach Stuttgart gezogen und kam seither nur noch geschäftlich nach Berlin.

In Stuttgart bin ich 1949 zu Freunden gegangen, die mit mir im gleichen Lager waren. Der eine hatte meine frühere Freundin geheiratet, obwohl das Wort Freundin übertrieben ist. Wir hatten nichts miteinander, aber wir waren nach dem Krieg kurz miteinander »gegangen«, wie man das so schön nennt. Sie blieb in Polen, und als sie später nach Berlin kam, war sie mit einem Freund von mir verheiratet. Beide zogen nach Stuttgart, Berlin war ja schon eine Insel geworden. Wir blieben in Verbindung, und eines Tages sagte er mir: »Was hockst du in Berlin? Wir haben hier einen Edelmetallhandel,

Ignatz Bubis (über der Braut) bei der Hochzeit von Freunden, links daneben Stasiek Steinfeld

96

komm zu uns rüber.«Ich habe zu dem Zeitpunkt ja nichts gemacht.

Beim Stichwort Dresden fällt mir auch ein anderer Freund ein, er hieß Stasiek. Er ist hier auf dem Foto zu sehen und war in Dresden mit uns Partner, er wäre heute schon über 80. Stasiek war mit meinem Bruder befreundet gewesen. Cyril und ich mußten ihn immer ein bißchen mitziehen. Er war ein Autofahrer vor dem Herrn oder besser gesagt, er hatte keine Ahnung vom Autofahren. Bei einem von zwei schweren Unfällen, die er verschuldet hatte, wurde seine Freundin tödlich verletzt. Stasiek wollte nun partout nach Dresden zurück, nachdem wir alle schon im Westen waren, er lebte mit meiner Vermieterin zusammen. Ich riet ihm, nicht nach Dresden zu gehen, man würde ihn einsperren. Er hätte keine Angst, er habe nichts getan. Er ist hin, und prompt haben sie ihn eingesperrt. Ich habe einen Anwalt engagiert, und der hat ihn herausgeholt. Auch meinen Chauffeur hatten sie im Osten eingesperrt, aber auch ihn wieder rausgelassen. Mein Freund, der »Meisterfahrer«, blieb zusammen mit der Frau aus Dresden in West-Berlin, sie haben eine gemeinsame Tochter, mein Freund Stasiek ist inzwischen verstorben.

K.: Sie lebten derweil schon in Stuttgart und arbeiteten bei Ihren Freunden?

B.: Ja. Ich stieg bei meinem Freund mit einem Anteil von 7 Prozent ein. Wir haben das Gold in München eingekauft und nach Pforzheim verkauft, Barrengold für die Scheideanstalten, die daraus Blech und Draht fertigten. Die Scheideanstalten haben die Schmuckindustrie mit Halbfertig-Erzeugnissen beliefert. In dieser Zeit hatte ich eine Wohnung in Stuttgart und hielt mir ein ständiges Hotelzimmer im »Deutschen Haus« in Pforzheim, so pendelte ich zwischen München und Pforzheim. Dann zog ich ganz nach Pforzheim, und mein Freund blieb in Stuttgart.

K.: Wie trafen Sie wieder mit Ihrer späteren Frau zusammen, dem Mädchen im roten Mäntelchen?

B.: Ich hatte zu ihr schon Kontakt, als sie noch im DP-Lager in Landsberg am Lech war, das muß 1946 gewesen sein. Sie ist von dort nach Paris, und wir blieben in Verbindung, wir sind ja sogar entfernt miteinander verwandt. Ich bin dann 1950 nach Israel gefahren und habe überlegt, nach dort auszuwandern. Ich bin damals vier Wochen durch Israel gereist. Doch dann habe ich mich entschieden, nicht so bald dorthin zu ziehen, vielleicht aus Bequemlichkeit. Der Idealismus, der für Israel damals nötig gewesen wäre, war bei mir mit 23, nach acht bitteren Jahren, nicht sehr ausgeprägt. Wahrscheinlich habe ich noch heute deshalb ein schlechtes Gewissen. Ich dachte mir, schau' ich erst mal. Ich wollte dann auch noch nach Amerika auswandern, und ich war auch dort, aber in Amerika war mir alles ein bißchen zu hektisch. Diese Phase der Findung hat, glaube ich, bis 1951 gedauert. Eingebildet habe ich mir, ich sei noch bis '56 auf der Suche gewesen. Aber damit habe ich mir nur selbst etwas vorgemacht.

K.: Sie haben also im Grunde '51 die Koffer in den Keller gestellt?

B.: ... ausgepackt, ja. Außerdem überlegte ich zu heiraten, bevor der letzte Zug abfährt. Ich war damals 23 und wollte schnell heiraten. Für mich kam damals nur die Heirat mit einer Jüdin in Frage. Ich hatte zwar auch deutsche Freundinnen, die nicht jüdisch waren, aber wir waren uns immer einig, heiraten ist nicht drin, es sei denn, sie würde zum jüdischen Glauben übertreten. Obwohl – beinahe hätte ich doch eine geheiratet.

Hochzeitsmahl der Bubis im koscheren Restaurant Eden in Paris 1953

K.: Hing diese Haltung in erster Linie mit der damals jüngsten Vergangenheit zusammen?

B.: Es lag an der Tradition und der Erziehung. Ich habe dann auch im Mai 1953 geheiratet.

K.: Im Grunde schildern Sie die jüdische Nachkriegsgesellschaft wie eine Gesellschaft in der Gesellschaft . . .

B.: Ja, die Überlebenden blieben untereinander und eng miteinander verbunden. Ich habe heute noch Verbindung zu Leuten aus dem Lager in Deblin.

K.: Was hat man denn über die nicht-jüdischen Deutschen gedacht, etwa über die Nazi-Deutschen?

B.: Jeder dachte unterschiedlich. Ich habe nur kurze Zeit grundsätzliche Zweifel an den nicht-jüdischen Deutschen gehegt, denn ich hatte innerhalb kurzer Zeit viele nicht-jüdische deutsche Freunde.

K.: Sie haben nach der einzelnen Person geschaut, wie ist der oder die im einzelnen?

B.: Ja, aber nur bei den Älteren.

K.: Ich kann mir jedoch auch vorstellen, daß es andere gab, die gesagt haben: »Ich lebe hier, aber nie mehr werde ich den nicht-jüdischen Deutschen trauen.«

B.: Sie können nicht alle Zeit wie auf einer abgeschlossenen Insel leben. Obwohl es bis heute Juden in Deutschland gibt, die überhaupt keine Beziehung zu Nicht-Juden haben. Das sind allerdings nur ganz wenige. In Deutschland ohne jegliche nicht-jüdische Kontakte zu leben, ist gar nicht möglich.
Im Lager kannte jeder jeden, obwohl nicht jeder mit jedem konnte. Zum Beispiel gibt es hier in Tel Aviv einen Taxifahrer, der mit mir im Lager war. Ich hatte mit ihm nie etwas zu tun, er gehörte einer anderen Altersgruppe an. Dennoch verbindet uns die Lager- und Leidensgemeinschaft.

K.: Wieviel Personen aus dem Lager in Deblin gab es damals in Westdeutschland in den 40er und 50er Jahren?

B.: In Berlin lebten und leben aus dem Lager in Deblin die beiden Brüder Albek und mein damaliger Partner Stasiek Steinfeld. Dann gab es drei Brüder Schönfeld, die alle inzwischen verstorben sind. Ein weiterer Schönfeld ist nach Amerika ausgewandert und dort gestorben. Sonst wüßte ich niemanden in Deutschland, der aus Deblin wäre.

K.: Wieviele Juden lebten in den 40er und 50er Jahren in West-deutschland?

B.: Keine Ahnung. Es müssen, einschließlich der Durchwanderer, 200.000 bis 250.000 gewesen sein. Die meisten sind weg. So viele sind ja nicht befreit worden. Es kamen viele, die aus Polen oder anderen Ost-Ländern geflüchtet sind, in die DP-Lager, und sie sind von dort weiter nach Amerika, Kanada, Australien oder Israel ausgewandert. Die wenigsten sind hier hängengeblieben.

K.: Sie selbst haben in Paris dann geheiratet und sind mit Ihrer Frau nach Pforzheim gezogen. War Ihre Frau damals schon berufstätig?

B.: Nein, überhaupt nicht. Meine Frau ging erst einmal zur Schule und hat Deutsch gelernt. Als ich dann viel später in den sechziger Jahren die Edelmetallbranche und den Schmuckhandel aufgegeben habe, hat sie damit angefangen. Sie war, als wir uns wiedertrafen, erst achtzehn Jahre alt, noch ein richtiges Kind.

K.: Was hat Sie denn in den 40er und 50er Jahren von den Leuten unterschieden, mit denen Sie zu tun hatten?

B.: Ich habe von vornherein akzeptiert, daß ich in Deutschland zu Hause bin, andere konnten das nicht akzeptieren. Mit Helmut Schön, der nicht jüdischen Glaubens ist, verband mich zum Beispiel eine Fußball-Freundschaft, es war irgendwie eine Kumpelbeziehung. Er hatte ansonsten einen ganz anderen Freundeskreis aus seinen Kriegs- und Nachkriegsjahren. Vor meiner ersten Reise nach West-Deutschland hat mich Helmut Schön gebeten, mit Sepp Herberger Kontakt aufzunehmen, weil Schön ja in den Westen wollte.

Ich kam also mitten in der Nacht in Köln an, ich glaube, ich habe im Bahnhof übernachtet. Dann bin ich am nächsten Morgen in die Sportschule zu Herberger und habe ihm gesagt, daß ich von Helmut Schön komme. Herberger meinte, Freunde von Schön seien auch seine Freunde. Helmut Schön war ja sein Lieblingsschüler, er hatte während des Krieges in der Nationalmannschaft gespielt, mit 17 Jahren. Als ich ihm Schöns Absicht mitteilte, sagte Herberger, Helmut müsse sehen, wie er in den Westen gelange, aber er könne sicher sein, daß er einen Job bekomme. Helmut spielte dann im Westen noch mit anderen aus seiner Mannschaft kurz bei Herta BSC, setzte sich dann mit Herberger in Verbindung und wurde Trainer, erst in Wiesbaden, dann Trainer des Saarlandes.

K.: *Wie haben Sie befreundet sein können mit jemandem, der doch als Nationalspieler während der Nazizeit für das ehemalige Deutschland geworben hat?*

B.: Er war kein Nazi. Helmut hat sich nur für Fußball interessiert, für sonst nichts. Und er hat Chemie studiert, er war einer der wenigen Studenten in der damaligen Fußballwelt. Er hatte die Vertretung der Firma Madaus. Heute lebt er in Wiesbaden, und ab und zu sehen wir uns noch. Sepp Herberger ist ja schon lange tot.

K.: *Warum sind Sie überhaupt nach Frankfurt gezogen?*

B.: In Pforzheim wurde damals der Edelmetallhandel schwächer. Hinzu kommt, wenn Sie so wollen, daß es mich immer in die Großstadt gezogen hat. Ich habe in Pforzheim zwar sehr viele Freunde gehabt, auch beim 1. FC Pforzheim, obwohl ich dort nie mitgespielt habe. Aber ich hatte auch freundschaftliche und berufliche Kontakte nach Frankfurt, denn irgendwann hörte München auf, der Umschlagplatz für Edelmetalle zu sein.

K.: War das in den späten 40ern oder den frühen 50ern, als Sie in Berlin Wolfgang Neuss und sein Alter ego Wolfgang Müller kennenlernten und sich mit ihnen anfreundeten?

B.: Das war Anfang der 50er Jahre. Ich kam oft beruflich nach Berlin, ich hatte Schmuck aus Pforzheim und aus Italien dabei. Den habe ich an Geschäfte verkauft.

K.: Sie sollen manchmal mit bis zu 12 Koffern gereist sein ...

B.: So ist es, manchmal auch mit 16 Koffern. Es gab einen Fernsehfilm, der über mich gedreht wurde, er hieß: »Schmuck aus schwarzen Koffern« und lief um 20.15 Uhr mit doll vielen Zuschauern, weil alle dachten, es handele sich um einen Krimi. Aber es war eine Dokumentation.

K.: Wie haben Sie Neuss und Müller kennengelernt?

B.: Ich ging ins Kabarett und in die Kneipe zu Heinz Holl, die es heute noch gibt. Dort lernten wir uns kennen, und dort haben wir uns auch angefreundet. Wir haben über alles Mögliche geredet, ganz locker. Wir haben alles nicht so ernst genommen. Müller und Neuss waren sowohl auf der Bühne als auch im Leben Kabarettisten, aber ernst zu nehmende Kabarettisten. Sie haben alles persifliert, aber mit realem Hintergrund. Wenn einer von beiden einen Satz sagte, dann mußte ein Dritter höllisch aufpassen. Hat er jetzt einen ernsthaften Satz gesagt, oder war es nur Ironie? Das machte die Unterhaltung mit den beiden immer interessant.

K.: Wie war das für Sie in einem Deutschland, das sich mit der eigenen Vergangenheit überhaupt nicht beschäftigen wollte?

B.: Ende der 40er Jahre hat man sich auf Druck der Alliierten mit der Vergangenheit beschäftigt, aber ansonsten sehr wenig mit ihr auseinandergesetzt. Es war halt so: »Ich war dabei, ich war nicht dabei«. Und jeder zweite, der sagte: »Ich war nicht dabei«, war doch dabei. Ich wollte dieses Thema am liebsten nicht berühren. Ich war mißtrauisch und glaubte nicht jedem, was er mir erzählte. Ich habe deshalb vorgezogen, gar nicht darüber zu sprechen.

Ein deutscher Staatsbürger jüdischen Glaubens und die jüdische Normalität in Deutschland und anderswo

An einem bitterkalten Wochenende im Januar 1993 tagt in Warschau im Hotel Viktoria Intercontinental der Europäisch-Jüdische Kongreß, der auf Europa beschränkte Teil des Jüdischen Weltkongresses. Es sind nur fünf, sechs Frauen und etwa dreißig Männer. Man gestattet mir, der katholischen Journalistin aus Deutschland, an den nicht-öffentlichen Beratungen teilzunehmen. Die älteren Herren, die an dem langgestreckten Konferenztisch tagen, sind Überlebende der Nazizeit. Fast alle haben zwischen 1933 und 1945 geliebte Menschen verloren, in Arbeitslagern, Konzentrationslagern, Vernichtungslagern der Deutschen.

Jean Kahn, der Vorsitzende des Exekutivkomitees aus Paris, hat in deutschen Lagern mehrere Familienangehörige verloren. Michael Kohn, einst »Energiepapst« der Schweiz und ehemals Sprecher der eidgenössischen jüdischen Gemeinschaft, wurde glücklicherweise in der neutralen Alpenrepublik geboren. Die Familie seines Vaters, eines Polen aus Plonsk, ist jedoch im Warschauer Ghetto oder in Rußland umgekommen. Emmanuel Wikler, der gebürtige Österreicher, der heute in Holland lebt, hat eine Fluchtroute über Belgien, die berüchtigten Internierungslager in Südfrankreich und schließlich bis nach Zürich hinter sich, wie die Hauptfiguren aus den Romanen eines Erich Maria Remarque.

Zum ersten Mal seit dem Wandel im Osten und der deutschen Vereinigung tagt der Europäisch-Jüdische Kongreß in einem Land des früheren Ostblocks. Einmal, um den wenigen verbliebenen Juden in Polen Auftrieb zu geben. Dann, um den fünfzigsten Jahrestag des Aufstandes im Warschauer Ghetto im Frühjahr 1993 vorzubereiten. Aber vor allem auch, um den gerade zu Mitgliedern gewordenen Jüdischen Gemeinden aus den GUS-Staaten die Gelegenheit einzuräumen, über ihre Lage zu berichten. Die Einführung hält Jean Kahn, der Vorsitzende. Er sagt, daß das winzige Israel ein Fünftel der eigenen Bevölkerung an jüdischen Flüchtlingen aufgenommen hat, aus aller Welt und allen Kulturen, vor allem aus der ehemaligen Sowjetunion. Er spricht auch von den Ende 1992 aus Israel deportierten Hamas-Aktivisten im Südlibanon, und er betont: »We do not use the word deportation, we use the word expulsion, because deportation means something different for us jews.« (Wir verwenden nicht das Wort Deportation, wir verwenden das Wort Ausweisung, weil Deportation für uns Juden etwas anderes bedeutet.) Erster Tagesordnungspunkt ist die Lage im vereinten Deutschland, sind die Anschläge auf Wohnheime von Asylbewerbern und Migranten, auch die Schändungen jüdischer Grabstätten.

Ignatz Bubis hält seinen Vortrag in flüssigem Englisch. Er spricht darüber, daß in Deutschland heute mehr Palästinenser leben als jüdische Deutsche. Er spricht vom Anwachsen des Rechtsradikalismus in Europa und betont, daß der Antisemitismus in Deutschland weniger stark gestiegen sei als in anderen europäischen Ländern. Insgesamt, so Bubis, sei jedoch eine Explosion des Antisemitismus in Europa zu verzeichnen. Er sagt »wir«, wenn er von deutschen Maßnahmen spricht, »wir Deutsche«. Und er hebt hervor, daß es einen Verfassungsartikel zum Asyl, wie er in der Bundesrepublik existierte, nirgendwo sonst auf der Welt gibt. Dann sagt er zum Abschluß den Satz: »We Jews have no reason to be punished«, und es unterläuft ihm damit ein Freud'scher Versprecher. Sagen hatte er wollen, daß Juden keinen Grund zur Panik haben, aber er spricht das Wort »panicked« wie »punished« aus. Wir Juden haben keinen Grund, »bestraft« zu werden. Michael Kohn aus Zürich weist Ignatz Bubis auf diesen Sinnunterschied hin, und dieser gibt nur gelassen zurück: »Gut, dann sage ich eben ›panicked‹, ich dachte, man spricht das so aus.« Er genießt viel Respekt im Exekutivkomitee des Europäisch-Jüdischen Kongresses, das Amt des Vizepräsidenten ist ihm, wie einst Galinski, sicher. Ein älterer Teilnehmer der Runde dankt ihm mit bewegten Worten für seinen differenzierten, bedachten Vortrag über die Lage in Deutschland.

Ignatz Bubis ist der einzige Teilnehmer des Treffens, der in Warschau von eigenen Sicherheitsbeamten begleitet wird. »Wir erleben jetzt nicht 1933 und nicht 1939«, sagt Ignatz Bubis oft. Nein, zwischen '33 und '45 war Antisemitismus in Deutschland Staatsdoktrin, heute beschützt die demokratische Bundesrepublik auch die jüdischen Deutschen. Doch der deutsche Zentralratsvorsitzende ist der einzige Teilnehmer beim Treffen des Europäisch-Jüdischen Kongresses, der mit eigenen Bodyguards nach Polen kommt. Franzosen, Schweizer oder Ukrainer scheinen keinen besonderen Schutz zu brauchen. Ignatz Bubis braucht ihn – mehr denn je in Deutschland und neuerdings auch anderswo.

K.: Was hat das heutige Judentum, gemessen daran, was es einmal war, wieder oder noch für eine Bedeutung?

B.: Im Vergleich zu dem, was es einmal war, Kultur, Film, Theater, Banken hat es heute Null Bedeutung. Daß der Vorsitzende des Zentralrates der Minderheit der 40.000 Juden in Deutschland so sehr gehört wird, wie er gehört wird, erfüllt die Funktion eines gewissen Alibis.

K.: Der Begriff »Alibi« wäre ein hartes Urteil ...

B.: Aber es ist so. Im Ausland wird die Demokratie in Deutschland nicht zuletzt auch unter dem Gesichtspunkt betrachtet, wie Deutschland mit seinen Juden umgeht. Außerdem wird den jüdischen Mahnungen wegen der Vergangenheit mehr Gehör geschenkt.

K.: *Warum haben Sie dann das Amt des Zentralratsvorsitzenden übernommen, wenn es Ihrer Meinung nach nur eine »Alibifunktion« erfüllt?*

B.: Das ist die falsche Frage. Vielleicht nutze, benutze ich sie im Interesse der Jüdischen Gemeinschaft, aber auch im deutschen Interesse, um jederzeit auf die Gefahren hinzuweisen, wohin Gewalt, Rechtsradikalismus und Fremdenhaß führen kann.

K.: *Wenn Sie wirklich denken, der Zentralrat erfülle vor allem eine Alibifunktion, dann doch wohl, weil Sie glauben, die nichtjüdischen Deutschen arbeiteten daran ein Stück Schuld ab. Bei dem, was Sie unermüdlich an Terminen wahrnehmen, müßte der Begriff »Alibi« für Sie als Person doch auch eine unglaubliche Kränkung sein.*

B.: Ja. Ich nehme manche Kränkung in Kauf, wenn ich meine, daß es letztlich der Demokratie in Deutschland nutzt.

K.: *Aber glauben Sie, man würde Sie zu allen möglichen Themen der Zeit befragen, wenn es den Leuten nur darum ginge, Ihnen vor allem aus Schuldgefühl zuzuhören? Meinem Eindruck nach könnte man Sie eher als eine Art graue Eminenz der Politik bezeichnen. Was es auch immer für ein Thema ist, Sie, Ignatz Bubis, werden nach Ihrer Meinung gefragt.*

B.: Das hängt nun wieder mehr mit meiner Person zusammen und bietet mir eine Genugtuung für meine Arbeit.

K.: Wann lernten Sie Ihren Vorgänger im Zentralrat, Heinz Galinski, kennen?

B.: Galinski habe ich durch den Bezug zur jüdischen Gemeinde kennengelernt. Ich bin damals nach Frankfurt gezogen, und dort habe ich, 1964 oder 1965, Heinz kennengelernt.

K.: Wie kommt es, daß Galinski für Härte und das stete Gemahnen an Auschwitz stand, während Sie das Pragmatische, den Versuch der Normalisierung der Beziehungen zwischen jüdischen und nicht-jüdischen Deutschen, repräsentieren?

B.: Weil wir nicht immer noch n u r mit der Vergangenheit leben. Nebenbei bemerkt, gibt es in der Politik, im Denken überhaupt keinen Unterschied zwischen mir und Galinski. Wir sind nur unterschiedlich in der Umsetzung. Galinski verstand es nicht so gut, über das Negative zu sprechen und dabei auch ein positives Wort einzuwerfen. Er sah durchaus auch das Positive im demokratischen Nachkriegsdeutschland. Aber wenn er dabei war, mahnend den Finger zu erheben, um ihn in die Wunde zu legen, hat er es nicht verstanden, gleichzeitig zu sagen, daß dies oder jenes positiv ist. Auf mich hört man vielleicht deshalb mehr als auf Heinz Galinski, obwohl ich weiß, daß Galinskis Meinung von großem Gewicht war. Er hat seine Ansichten auch immer ehrlich vertreten.
Von der CSU bis zu den Grünen oder dem Bündnis 90 hat keiner mit mir Probleme. Wahrscheinlich nicht einmal die PDS, eher ich schon mit denen. Es liegt daran, daß sich aus meinen Statements jeder heraussucht, was er hören will, und in dem, was ich sage, ist für jeden etwas drin. Nun tue ich das

nicht, um es jedem recht zu machen, allerdings bringe ich schon die Dinge, die ich vertrete, auf den Punkt. Ich muß sagen können, daß das Grundgesetz gut und die Demokratie in Deutschland gewachsen ist. Heinz Galinski war im Denken eigentlich so wie ich, vielleicht hat er sich nur nicht so ausgedrückt.

K.: Hat er sich auch als deutscher Staatsbürger jüdischen Glaubens verstanden?

B.: O ja. Wissen Sie, ich habe diesen Begriff sogar von Heinz Galinski übernommen. Wäre es nach Galinskis Vorgänger Nachmann gegangen, hätten wir sogar längst »Zentralrat deutscher Juden« geheißen. In der Auseinandersetzung Galinski – Nachmann war ich allerdings auf Galinskis Seite. Nachmann war beispielsweise dafür, daß jüdische Jungs zur Bundeswehr gehen müßten. Ich habe mit Galinski gesagt: »Dürfen, ja, sollen, ja, aber nicht müssen«. Ich mute keinem jüdischen Jungen der Nachkriegszeit zu, daß er Soldat für Deutschland werden muß. Ich habe gesagt: »Wenn ich einen Sohn hätte, und er würde in der Uniform der Bundeswehr nach Hause kommen, würde meine Schwiegermutter, wäre sie anwesend, einen Herzschlag bekommen.« Allerdings würde ich es meinem Sohn freistellen, wie er sich entscheidet. Aber mit Rücksicht auf seine Großmutter würde ich es nicht wünschen können, daß er zur Bundeswehr geht. Galinski sagte damals: »Wir sind deutsche Staatsbürger jüdischen Glaubens mit allen Rechten und Pflichten.« Da habe ich gesagt: »Wir sind deutsche Staatsbürger mit allen Rechten und Pflichten und jüdischen Glaubens.«
Heinz Galinski hat sich absolut als deutscher Staatsbürger gefühlt. Ich habe seine Reden im Ausland gehört, er hat Deutschland verteidigt. Nur, er hat es nicht verstanden, dies annehmbar zu vermitteln, in der Öffentlichkeit nahm man

ihn als Nur-Nörgler wahr, schien es. Nachmann war stärker als Galinski die Inkarnation des deutschen Juden, und Galinski fühlte sich zwar in Opposition zu ihm, aber eben nicht in erster Linie deswegen. Beide mochten sich einfach nicht.

Möglicherweise wäre manch einer mit mir nicht zufrieden, wenn er nicht vorher Galinski gehabt hätte. Es kann sein, daß sein autoritäres Auftreten mir den Weg bereitet hat. Für manche Politiker war mein pragmatisches, aber unmißverständliches Auftreten als neuer Zentralratsvorsitzender keine Überraschung, aber zum Beispiel Hans-Dietrich Genscher, der ja lange Jahre auch mein Parteivorsitzender gewesen war, äußerte, er kenne den Bubis jetzt bald 20 Jahre, aber so habe er ihn doch noch nicht gekannt. Nachmann dagegen war unkritisch angepaßt, z. B. verteidigte er Filbinger noch, nachdem dessen Todesurteile als Marinerichter während der Nazizeit bekannt geworden waren.

K.: Aber noch ein Mal. Kein Nachmann, kein Galinski hatte in der Öffentlichkeit je den Einfluß, den Sie haben. Sie könnten Vorsitzender der Sinti und Roma, der Moslems sein, Ihr Einfluß wäre derselbe, weil dabei Ihre Persönlichkeit meiner Ansicht nach entscheidend ist. Ihre Wahl als Vorsitzender des Direktoriums des Zentralrats erfolgte etwa parallel zum Ausbruch der rechtsradikalen Morde und Mordversuche . . .

B.: Ja, Hoyerswerda und Rostock waren schon geschehen.

K.: Ich bleibe dabei: Diese Masse an Porträts von Ihnen, diese Masse an Einladungen zu Talkshows sind doch nicht nur Alibi – also Scheinveranstaltungen. Das hätte man doch mit Heinz Galinski nie versucht, auch nicht in Zeiten des Rechtsradikalismus, weil Galinski einfach kein kommunikativer Mensch war. Er hatte vielleicht viel zu sagen, aber er galt als autoritär.

B.: Ich habe zwar vorhin von einer »gewissen Alibifunktion« gesprochen, o. k. Den Begriff »Alibi« habe ich nicht so hart verstanden wie Sie. Aber ich persönlich schätze schon, daß das heutige Leben von Juden in Deutschland für die Demokratie in Deutschland ein ganz wichtiger Aspekt und Gradmesser ist.

K.: *Ich will Sie nicht zensieren, sagen Sie Alibi, wenn Sie Alibi denken. Mich persönlich schockiert die Verwendung dieses Begriffes im Kontext mit dem Stellenwert oder der Funktion des Zentralrates der jüdischen Gemeinschaft in Deutschland. Ich möchte ihn aber, weil Sie ihn gebraucht haben, noch einmal kurz aufgreifen. Ich glaube, was mich daran schockiert, ist die Ahnung, daß er bei Ihnen eine Verwundung ausdrückt, die ich so nicht vermutet hätte. Alibi bedeutet ja, ganz tief auch in Ihnen gibt es eine Unterteilung in »Wir« und »Die«, w i r Juden und d i e Nicht-Juden – also das Gegenteil von Normalisierung.*

B.: Sicherlich gibt es dieses »Wir« und »Die«. Wenn ich daran denke, wie gehen wir Deutschen mit Juden um, da gibt es schon das »Wir« und »Die«. Wenn jetzt zum Beispiel diejenigen, die ich die Bestmeinenden nenne, der Ansicht sind, man müsse einen Strich ziehen und Schluß machen mit der Vergangenheit, dann wird diese Trennung natürlich gezogen, denn damit würde ja unter das Leid etwa meiner Familie ein Schlußstrich gezogen, das kann ich doch nicht akzeptieren. Selbst dann, wenn der Bestmeinende akzeptiert, daß es ein Leiden von einem Mitdeutschen gab, das ungerecht war, und weshalb er ein schlechtes Gewissen hat, eine besondere Verantwortung, eine besondere Verpflichtung, dann ist das ja schon eine Unterscheidung in »Wir« und »Die«. Ich habe jetzt nur das positiv Trennende aufgezählt.

K.: *Das führt zu einer weiteren Frage, nämlich der, ob Sie glau-*

ben, daß sich ein Schuldgefühl, das auch ich für meine Generation und mich in Anspruch nehmen will, und Normalität nicht letztlich ausschließen?

B.: Es mag sein, daß sich das an irgendeiner Stelle ausschließt. Ich nehme aber für mich in Anspruch, mit der Opferseite überhaupt keine Probleme zu haben. Vielleicht bin ich eine Ausnahme unter allen Juden der Welt.

K.: Was meinen Sie damit genau, mit der Opferseite kein Problem zu haben?

B.: Ich trete nicht als Opfer auf, ich verlange nichts, stelle keine Ansprüche als Opfer, werbe allerdings um ein besonderes Verständnis. Ich hatte persönlich mit Gas nichts zu tun, ich war nicht in Auschwitz, ich war in keinem Vernichtungslager. Ich habe jedoch meinen Vater und meinen Bruder wie meine Schwester neben vielen anderen Verwandten verloren. Nun habe ich mich da eben für einen Moment und nicht nur für einen Moment in die Seelen der Überlebenden der Vernichtungslager versetzt, ihnen ist die Aufhebung der Trennung zwischen »Wir« und »Die« nicht zuzumuten. Ich habe diese Probleme persönlich nicht, aber mit Sicherheit haben sie sehr viele Juden, nicht nur in Deutschland, sondern in aller Welt. Ich erwarte allerdings, daß die Täterseite – und ich meine damit n i c h t jeden Nichtjuden – weiß, was im Namen Deutschlands geschehen ist, und das nicht vergißt. Dann fällt es den Opfern und deren Nachkommen leichter, selbst zu vergessen.

K.: Von jüdischer Seite wird nicht-jüdischen Deutschen manchmal die Unbefangenheit nicht gerade leichtgemacht. Ich denke nur an den Krieg gegen Irak. War man gegen den Krieg, hieß es von seiten einiger jüdischer Intellektueller sofort, diese Position sei antisemitisch, weil gegen Israel gerichtet. Was nicht unbedingt immer der Fall sein mußte.

B.: Natürlich mußte das nicht so sein. Nur, die Bedrohung Israels war sehr eindeutig. Obwohl Israel sich nicht am Krieg gegen Saddam beteiligt hat, sind doch die Scud-Raketen in erster Linie auf Israel gerichtet und auch abgeschossen worden.

K.: Kann man nicht auch junge Deutsche verstehen, die einerseits keine persönliche Schuld trifft und sich andererseits der Vergangenheit bewußt sind, daß sie es gleichwohl leid haben, oft, von wo auch immer, z. B. von den Franzosen als Deutsche angegriffen zu werden? Ich meine damit diejenigen, die genau wissen, was in der Väter- oder Großväter-Generation passiert ist, die das entsetzlich finden und dennoch mit so etwas wie kollektiver Schuld nicht leben wollen?

B.: Kollektive Schuld hat nie jemand verlangt. Es gibt grundsätzlich nur persönliche Schuld. Sie wollen mit etwas nicht leben, was ihnen keiner abverlangt. Erstens, die kollektive Schuld verlangt ihnen keiner ab. Aber wenn sie nicht daran erinnert werden wollen, ist das etwas anderes. Ich laufe doch nicht herum und sage dem nächstbesten jungen Mann: »Du bist schuldig, daß mein Vater nicht am Leben ist«. Mir ist auch sonst keiner bekannt, der das tut. Zweitens weiß ich auch nicht, wer sie ständig als Deutsche angreift. Abgesehen davon, daß ich mich für andere, z. B. Franzosen, nicht verantwortlich fühle.

K.: Eine persönliche Erinnerung: An dem Abend, als der damalige Rostocker Abgeordnete Schmidt während der Pressekonferenz die Frage stellte, ob Ihre Heimat Israel sei, hatte ich kurz zuvor mit Ihrer Frau telefoniert. Sie war ganz kurz angebunden am Telefon.

Dann sah ich die »Tagesschau« und die Meldung über Schmidts Ausspruch. Ich habe dann spontan noch mal angerufen und gesagt: »Frau Bubis, es tut mir leid, ich habe es erst jetzt gesehen. Ich nehme an, sie waren deswegen vorhin so knapp am Telefon.« Daraufhin sagte sie: »Ja, es ist doch immer dasselbe mit den Deutschen, und das wird niemals aufhören.« Natürlich kann ich Ihre Frau vor dem Hintergrund ihrer Geschichte verstehen, wenn sie befürchtet, daß es niemals aufhören wird. Aber andererseits steht man dann da und denkt, verflucht noch mal, ich bin nicht Herr Schmidt, und meine Generation im großen und ganzen, soweit ich sie kenne, steht auch nicht für Herrn Schmidt. Es muß doch irgendeinen Weg zur Normalisierung geben.

B.: Meine Frau hat sich nicht nur auf Schmidt bezogen, weil sie ja, genau wie ich, täglich von gutmeinenden Menschen (lacht) wie Schmidt umgeben ist.

K.: Ich verstehe das ja, aber für Leute meiner Generation sind diese Antisemiten genauso ein Fluch . . .

B.: Wir reden nicht von Antisemiten – die Antisemiten stören mich nicht –, sondern von den Wohlmeinenden, den Bestmeinenden. Das ist ja schon fast die größte Gruppe. Ich rede auch von den völlig Indifferenten, die überhaupt keinen Unterschied machen, die sich weder mit der Vergangenheit noch mit der Zukunft beschäftigen – von denen kommt es auch. Für die überwiegende Mehrheit in unserem Lande und nicht nur für die Antisemiten ist der Jude ein Fremder – ein Überbleibsel des tausendjährigen Reiches.

K.: Möglichweise hat das mit der nicht vollzogenen Normalisierung des Verhältnisses zwischen jüdischen und nicht-jüdischen Deutschen zu tun. Ein anderer Gedanke: Der Zentralrat erscheint mir als ein Relikt der Reaktion auf die Nazivergangenheit. Nun gibt es ja die Idee, die Spitze der Juden in Deutschland könnte doch auch ein Rabbiner repräsentieren. Ich finde den Gedanken, wenn man eine Normalisierung anstrebt, gar nicht so dumm. Er würde bedeuten: die jüdische Religionsgemeinschaft als eine neben anderen, ohne dabei die Geschichte herunterzuspielen, einfach als zeitgemäßen Ausdruck einer fortschreitenden Normalisierung, zumindest langfristig betrachtet. Nicht in Ihrer Amtszeit, aber vielleicht danach.

B.: Wir haben doch keine überragenden Rabbinerpersönlichkeiten mehr in Deutschland. Ich weiß, daß jetzt womöglich alle Rabbiner, die es in Deutschland gibt, sich beleidigt fühlen werden. Aber wir haben weder einen Leo Baeck s. A. noch einen Horowitz s. A., auch keinen Dr. Lichtigfeld s. A.

K.: Kann man nicht einen importieren?

B.: Nein, denn sie sollen auch deutschsprachig sein, und die, die wir gerne hätten, wollen nicht nach Deutschland. Außerdem kommt noch etwas anderes hinzu. Der Zentralrat versteht sich als politische Vertretung, ich will Ihnen ein Beispiel geben: Wer ist der Vorsitzende des Zentralrats der Katholiken Deutschlands? Kein Geistlicher, ein Politiker. Wer ist der Vorsitzende des Evangelischen Kirchentages? Kein Geistlicher, ein Politiker.

K.: Aber dennoch gibt es natürlich parallel zu dieser politischen Vertretung der beiden Kirchen eine religiöse, außer bei den Juden.

B.: Das stimmt nicht, da ist der Vorsitzende der Rabbinerkonferenz. Es gibt ja in Deutschland überhaupt nur ungefähr zehn Rabbiner, und die sind sich untereinander auch nicht einig.

K.: *Von denen hört und sieht man überhaupt nichts.*

B.: Auch das stimmt nicht. In Frankfurt und anderswo wird der Rabbiner zu allen möglichen Veranstaltungen eingeladen. Außerdem arbeiten die Rabbiner auch mit den Kirchen zusammen. Allerdings ist es ihre vordringliche Aufgabe, im religiös-geistigen Sinne nach Innen zu wirken.

K.: *Warum tauchen sie dann als Vertreter in der Öffentlichkeit nicht auf?*

B.: Das kann ich Ihnen ganz genau sagen. Es gibt einen Vorsitzenden der Rabbinerkonferenz, der in der Regel mit sechs zu fünf Stimmen gewählt wird, nur erkennen ihn die fünf, die ihn nicht gewählt haben, nicht an.

K.: *Vielleicht ist das bei den Bischöfen insgeheim auch nicht anders.*

B.: Aber wenn sie einen Vorsitzenden der Bischofskonferenz gewählt haben, ist er gewählt und wird als solcher auch anerkannt.

K.: *Aber trotzdem ist es doch eigenartig, daß man in der Bundesrepublik höchstens diffus ahnt, daß hier auch Rabbiner praktizieren. Es gibt Synagogen, sagt man sich, also muß es auch Rabbiner geben.*

B.: Nein, das ist falsch. Es kann sogar Synagogen ohne Rabbiner geben. Leider haben wir in Deutschland kaum eine oder keine rabbinischen Persönlichkeiten mehr, wie wir sie bis '33 kannten. Es wächst auch kein eigener Rabbiner-Nachwuchs heran. Vor dem Krieg gab es eine Rabbinerschule in Berlin. Die einzige Rabbinerschule, die es heute in Europa gibt, befindet sich in England. Keiner von den 40.000 deutschen Juden will Rabbiner werden, es existiert kaum jemand, der den dazu nötigen Ehrgeiz hätte.

K.: Liegt es daran, daß es heute zu wenig Jüdisch-Orthodoxe in Deutschland gibt?

B.: Das hat mit Orthodoxie nichts zu tun, man könnte ja auch einen Liberalen zum Rabbiner küren. Es gab in Deutschland eine »Rabbinerpersönlichkeit«, Professor Lewinson, aber er hat sich mit keinem anderen Rabbiner verstanden. Und es gab einen Dr. Lichtigfeld s. A., der von allen Schichten und Glaubensrichtungen anerkannt war. Leider ist er vor 20 Jahren verstorben. Wir wollen das trennen, das Religiöse vom Politischen, das ist absolut Konsens im Zentralrat.

K.: Aber trotzdem wäre das doch auch ein Schritt in Richtung Normalisierung, wenn es für die jüdischen Gemeinden ...

B.: Eine Normalisierung ist noch keine, nur weil ein Rabbi an der Spitze der jüdischen Gemeinschaft stehen würde. Der einzige im Nachkriegsdeutschland, bei dem ich mir das hätte vorstellen können, wäre Dr. Lichtigfeld s. A. gewesen. Das ist zum Beispiel in den USA ganz anders. Dort spielten etwa Rabbiner Nußbaum eine enorme Rolle oder Rabbiner Schneier, auch andere, dort gibt es Tausende von Rabbinern, da finden Sie welche, die als Respektspersonen anerkannt werden. Daß es so selten deutschsprachige Rabbiner gibt, ist das Dilemma. Es liegt an der Vergangenheit.

K.: Liegt es also nicht daran, daß zum Beispiel diese 40.000 Gemeinschaftsmitglieder einfach nicht mehr so religiös sind wie vor der Nazizeit?

B.: Nein, das hat damit nichts zu tun. Es hat damit zu tun, daß ein Rabbiner heute in Deutschland allenfalls in eine Gemeinde wie Frankfurt kommen könnte mit nur 6.000 Mitgliedern. Wenn es wirklich ein bedeutender Rabbiner ist, reizt ihn das nicht. Leo Baeck s. A. hatte in Berlin vor dem Krieg eine Gemeinde, in der 160.000 Juden lebten. In Deutschland gibt es heute insgesamt nur noch zehn Rabbis, die vor allem mit der Seelsorge beschäftigt sind – die können sich nicht auch noch mit der politischen Führung beschäftigen.

K.: *Und Sie glauben, sie würden es auch nicht wollen?*

B.: Wollen schon, aber die Gemeinden brauchen sie für die geistige und seelsorgerische Betreuung.

K.: *Wie war es denn in der DDR?*

B.: Da gab es überhaupt keinen Rabbiner.

K.: *Doch. Eine Weile gab's diesen . . .*

B.: . . . Amerikaner, der da gekommen ist. Er hat, nachdem er die Tochter irgendeines prominenten Politikers, ich glaube die von Micha Wolf, geheiratet hat, sofort wieder die Flucht ergriffen.

K.: *Was denken Sie über den Orden, den Ihr Vorgänger Heinz Galinski von Honecker in der DDR verliehen bekommen hat? Fanden Sie es richtig, ihn anzunehmen?*

B.: Ich möchte Galinski nicht zu nahe treten. Ich will aber auch nicht sagen, es war phantastisch, war prima, daß er ihn angenommen hat. Er wollte wahrscheinlich damit Erleichterung für die noch wenigen in der damaligen DDR lebenden Juden erreichen. Eine Ablehnung hätte ihnen sicherlich geschadet.

K.: *Wie definieren Sie das Judentum für sich persönlich? Als Religionszugehörigkeit oder als Volkszugehörigkeit oder beides?*

B.: Die Juden in Deutschland oder die jüdischen Deutschen betrachten sich nicht nur als Religionsgemeinschaft, es gibt bei den Juden auch die Volkszugehörigkeit. Auch der amerikanische und der australische Jude sind Teil des jüdischen Volkes. Ohne die Vision vom eigenen Volk Israel hätte das Judentum nicht 2.000 Jahre Diaspora überleben können.

K.: *Ich habe zum Begriff »Volk« kein Verhältnis, weil mir das Völkische noch in den Ohren klingt, auch wenn ich es nicht aus eigenem Erleben kenne.*

B.: Das verstehe ich, aber die Verantwortung, die die Israelis für die Juden in Rußland oder in Jugoslawien empfinden oder für die Juden, die in Deutschland leben, das kommt nicht nur aus der Religion. Die Verantwortung, die beispielsweise die Israelis für die Juden im Ausland empfinden, erwächst vor allem aus dieser Volkszugehörigkeit. Natürlich ist mir bewußt, daß man daraus im Fall Israels, das nach dem Gesetz der Rückkehr nur Juden frei einwandern läßt und sofort als neue Staatsbürger aufnimmt, Vergleiche mit dem deutschen Staatsangehörigkeitsrecht ableiten kann, das ja auf Volks- bzw. Blutszugehörigkeit beruht.

K.: *Ich empfinde es in der Tat als problematisch, wenn man die Staatsangehörigkeit eines Landes nur bekommt, weil man einem bestimmten Volk angehört. Deutscher ist, wer deutschen Blutes ist – steht in unserer Verfassung. Israeli ist, wer eine jüdische Mutter hat –*

steht in der israelischen Verfassung. Im Grunde wird beide Male ras-
sistisch argumentiert: Deutschland den Deutschen, Israel den Juden,
man könnte es fortsetzen mit: Palästina den Palästinensern . . .

B.: Ja. In erster Linie betrachte ich mich zwar als Teil der jüdischen Religionsgemeinschaft, aber in einem gewissen Sinne
fühle ich mich gleichzeitig dem Volke Israels, wie es in der Bibel beschrieben ist, zugehörig. In der Bibel wird immer vom
Volke Israel gesprochen. Ich weiß, worauf Sie hinauswollen,
daraus wird vieles abgeleitet, aber bei mir ist es ein Teil der
Tradition und ein Teil der Religion, denn in der Religion wird
vom Volke Israel gesprochen. Im übrigen besteht die israeli-
sche Bevölkerung zu fast 25 Prozent aus Nicht-Juden. So weit
sind wir in Deutschland noch lange nicht. In den Kirchen,
nicht nur in der jüdischen Religion, wird immer wieder vom
Volke Israel gesprochen. Das auserwählte Volk, zu was auch
immer auserwählt, und wenn es nur zum Leiden ist . . .

K.: Diese Worte sind zugleich ein Fluch.

B.: Aber soweit sie mit der Religion zu tun haben, akzeptiere
ich das voll.

K.: Haben Sie während des Krieges eigentlich eine Bar Mizwa ge-
habt – das jüdische Fest des Erwachsenwerdens für Jungens?

B.: Natürlich nicht. Ich bin einer der jüdischen Glaubensge-
nossen, die niemals eine Bar Mizwa hatten. Es ist eine Art
Mannbarkeitsritual für Jungen im Alter von 13 Jahren. In der
Orthodoxie ist Bar Mizwa die Eigenverantwortung selbst. Es
bedeutet, daß bis zum 13. Lebensjahr alle Sünden auf das
Konto des Vaters gehen, und ab diesem Zeitpunkt der Junge
für sich selbst verantwortlich ist. Ich hätte meine Bar-Mizwa-
Feier im Januar 1940 haben müssen, aber damals ist natürlich

keinem Juden nach Bar Mizwa feiern gewesen. Ich wurde trotzdem im religiösen Sinn erwachsen, still und leise, denn nach der Religion erreiche ich mit 13 Jahren in jedem Fall meine Volljährigkeit, ob mit oder ohne Feier. Deshalb spielt bei den Orthodoxen das Bar-Mizwa-Werden, aber nicht das Bar-Mizwa-Feiern eine große Rolle. Die große Feier habe ich nie vermißt, muß ich gestehen.

Bei der Bar Mizwa wird der Junge zum ersten Mal in der Synagoge zur Thora aufgerufen, und bei den Orthodoxen braucht er sich auch nicht ein Jahr lang bei einem Lehrer darauf vorzubereiten, wie sonst üblich. In Frankfurt etwa liest der Junge im allgemeinen aus der Thora vor, manchmal ohne auch nur einen Satz zu verstehen, den er vorgelesen hat. Ich habe einmal einen Jungen erlebt, der perfekt aus der Thora vorgelesen hat. Ich kannte die Eltern und habe zu seinem Lehrer gesagt, ich fände es toll, wie er das gelernt hätte. Der Lehrer anwortete mir, daß der Junge kein Wort von dem, was er sage, verstehen würde. »Ich habe«, so der Lehrer zu mir, »ihm das beigebracht, wie man einem Bären das Tanzen beibringt.« Bei der Bar Mizwa wird normalerweise ein großes Fest gefeiert, wie bei den Katholiken nach der Erstkommunion. Die religiösen Juden dagegen veranstalten zur Bar Mizwa keine Feste. Bei ihnen wird der Junge eben in der Synagoge zum ersten Mal aufgerufen und dann liest er, und er weiß, was er liest, und anschließend wird ein Schnaps getrunken. Das war's. Der Vater sagt: »Ich danke Dir, Gott, daß ich von den Sünden meines Sohnes befreit wurde.« Ab dem Alter von 13 Jahren muß ein jüdischer Junge eigentlich die Riemen beim Morgengebet anlegen, aber kaum einer unserer ganzen Jungens in Frankfurt, die Bar Mizwa feiern, hat je einen Riemen umgebunden oder wird je einen Riemen benutzen.

K.: Was vertreten Sie in diesen Zeiten für eine Haltung gegenüber dem jüdischen Weltkongreß?

B.: Der jüdische Weltkongreß hat viel Positives geleistet beim Herausholen der Juden aus der Sowjetunion. Aber nicht nur da. Es gab eine Zeit, als Israel zu nur wenigen Staaten diplomatische Beziehungen unterhalten hat. Auch da hat der Weltkongreß helfen können. Er wird als Dachorganisation in fast allen Ländern anerkannt, und er hat eine sehr wichtige Aufgabe: er ist ja der weltweite Zusammenschluß der jüdischen Organisationen. Es gibt auch andere Organisationen, etwa das American Jewish Committee, das nicht Mitglied im Weltkongreß ist, aber mit ihm zusammenarbeitet. Oder die ADL, die Anti Diffamation Liga in den USA, die wiederum Teil des Weltkongresses ist.

Sie müssen wissen, daß die jüdischen Gemeinden in Amerika ganz anders organisiert sind als bei uns, eben nicht in Form von Gemeinden, sondern aufgeteilt nach Synagogen. Dort gibt es also Synagogengemeinden, die sich selbst aus Spenden unterhalten, die steuerlich abzugsfähig sind. Jede hat ihren eigenen Rabbi. Die Rabbis sind zu einer Rabbinerkonferenz zusammengeschlossen. Der Vorsteher dieser Konferenz ist der Präsident, und als Präsident sitzt er in der Präsidentenkonferenz wie auch die Präsidenten anderer Organisationen, und die ist wiederum Teil des Weltkongresses. Wenn das erweiterte Präsidium des Weltkongresses zusammentritt, sind das schon ungefähr 60 Personen. Es können mehrere Vertreter pro Land dazugehören, manches Land wiederum ist in der aus 21 Personen bestehenden Exekutive gar nicht vertreten. Ich habe kürzlich vor dem erweiterten Präsidium des Weltkongresses in New York gesprochen. Allerdings waren dabei nur die amerikanischen und kanadischen Mitglieder anwesend.

K.: *Und im Präsidium war man mehrheitlich der Meinung, Deutschland brenne?*

B.: Mehrheitlich nicht, aber man brauchte mich, um die Leute zu beruhigen. Bronfman brauchte mich, um die Leute zu beruhigen, er selbst war nicht der Meinung, Deutschland brenne. Der jüdische Weltkongreß hatte auch nur die Fernsehbilder gesehen und meine Interviews gehört und gelesen und verfolgt. Und er wollte sich von mir persönlich informieren lassen, über das, was los ist – das ist normal. Es ließe sich vielleicht mit der Aufgabe eines Botschafters vergleichen, der von seiner Regierung zum Bericht gebeten wird, ich bin nun mal als Vorsitzender des Zentralrates Teil des jüdischen Weltkongresses. Man hat mir sehr gespannt zugehört, sehr gespannt, und von mir Dinge erfahren, die man so noch nicht wußte, etwa die Bundesrepublik Deutschland aus Perspektiven betrachtet, die man vorher nicht kannte. Ich hielt das für richtig. Als ich zum Weltkongreß kam, hatte aber auch ich den Eindruck, die glauben tatsächlich, Deutschland brennt. Endlich, so hoffte man, würde man durch mich aus erster Hand erfahren, was wirklich los ist – wobei Bronfman, wie gesagt, ohnehin die gleiche Auffassung vertrat wie ich. Aber es gab ein paar Hardliner, die meinten, man müsse mehr tun, zum Beispiel zum Boykott aufrufen usw. Aber das waren eher einige wenige Wichtigtuer, die sich profilieren wollten. Bronfman war ganz happy darüber, wie es dann gelaufen ist.

K.: *Dennoch dachte ich mir während ihres Fernsehinterviews, wahrscheinlich bekommt er jetzt von den vielen nicht-jüdischen Deutschen mehr Applaus und von vielen jüdischen Deutschen viel Kritik . . .*

B.: Erstens fand dieses Interview vor der Sitzung statt, und zweitens war dem nicht so, wie Sie befürchtet haben. Die Juden in der Bundesrepublik haben nicht erwartet, daß ich dorthin fahre und zum Boykott Deutschlands auffordere.

K.: Stand denn ein Boykott als Forderung im Raum?

B.: Nur ganz vage. Die überwältigende Mehrheit nicht nur des Zentralrats, auch der Juden in Deutschland ist gegen Boykotts und solche Scherze.

K.: Wie sieht es dazu in Israel aus?

B.: Ich muß im Moment in Israel die gleiche Arbeit tun wie in Amerika, und zwar nicht im Interesse der Bundesregierung, sondern im Interesse der Wahrheit. Im Interesse der Realität der heutigen Bundesrepublik. Seit meinen Statements in Amerika gibt es auch in Israel einen ersten Wandel in den Auffassungen von der Wirklichkeit in Deutschland. Allerdings glauben immer noch viele Israelis, wie auch Juden in anderen Ländern, daß es in Deutschland kein Judentum mehr geben soll.

K.: Ich habe einmal in »Tempo« über Sie geschrieben, Sie sehnten sich nach nichts mehr als nach Normalität. Sie haben dem nicht widersprochen. Können Sie vielleicht einmal kurz umreißen, wie die nächsten Schritte der Normalisierung zwischen den jüdischen und den nicht-jüdischen Deutschen aussehen könnten?

B.: Man muß unbefangen miteinander umgehen.

K.: Was wären die nächsten Schritte, was ist Ihre Politik?

B.: Offenheit. Ich will vermitteln, was ist Judentum, was ist jüdisches Leben, eben dasselbe, was wir in Frankfurt schon seit längerem tun. Ich finde, die Normalisierung ist in Frankfurt viel weiter fortgeschritten als irgendwo anders. Ich plädiere auch dafür, daß Juden in politische Parteien gehen sollen, die Frankfurter jungen Leute sind zum Beispiel sehr

engagiert. Ich erwarte, daß sich die Juden in das gesellschaft-
liche und politische Leben in Deutschland einmischen. Und
ich meine, daß die meisten Antisemiten gar keinen Juden
kennen.

*K.: Ein Stück weit wird auch Nichtwissen vom religiös-jüdischen
Alltag in Deutschland seit der Nazizeit weiter tradiert. Das jüdi-
sche Leben ist weder an den Schulen noch etwa in Kalendern in
Form offizieller und ganz selbstverständlicher Feiertage sichtbar.
Ich habe auch den Eindruck, daß diese ganze Öffnung selbst in
Frankfurt eine einseitige Öffnung der jüdischen Gemeinde zu den
Nicht-Juden hin ist. Jetzt wäre eigentlich die andere Seite am Zu-
ge, etwa mit Texten in den Schulbüchern, wo Weihnachten und
der Passionstag selbstverständliche Feiertage sind und Stoff für Le-
segeschichten abgeben, nicht aber Jom Kippur oder Chanukka.*

B.: Vielleicht. Aber es gibt die jüdische Volkshochschule in
Frankfurt, es gibt öffentliche Veranstaltungen der jüdischen
Gemeinde, für die Menschen, die sich für jüdische Kultur
oder Geistesgeschichte oder Brauchtum interessieren. Wir
beide werden das Problem nicht lösen.

K.: Wie sehen Sie sich selbst innerhalb des Judentums?

B.: Ich sehe mich als ein Jude mit Tradition, ich bin nicht
sehr religiös, aber die jüdische Tradition bedeutet mir sehr
viel.

K.: Was verstehen Sie darunter?

B.: Ich muß nicht unbedingt alle Gesetze einhalten. Manche
dieser Gesetze sind 2.000 Jahre alt und nicht mehr zeitge-
mäß, aber irgendwie richte ich mich trotzdem danach. Wenn
ich in die Synagoge gehe, gehe ich nicht nur als passiver Zu-

hörer, sondern auch, um wirklich zu beten. Daß ich es nicht täglich tue, o. k., aber wenn, dann. Das ist vielleicht das Konservative in mir, daß ich an Überlieferungen festhalte.

K.: Dennoch, ich bleibe dabei: das jüdische Leben ist für das Gros der nicht-jüdischen Bürger Deutschlands ein Phantom, es hat keine für alle sichtbare Realität . . .

B.: Offensichtlich ist es tatsächlich so. Vielleicht wäre das alles anders, wenn es den Staat Israel nicht gäbe, dann wäre auch keine Zuordnung möglich. Aber nur deshalb will ich doch nicht auf die Existenz Israels verzichten, nur damit mich vielleicht jemand besser versteht.

K.: O. k. Wie weit kann denn Normalisierung Ihrer Meinung nach jemals gehen?

B.: Ich weiß es nicht, ich bin kein Prophet, das hängt von so vielen Nebensächlichkeiten ab.

K.: Was wäre denn Ihre Vorstellung?

B.: Mein Wunsch wäre eine völlige Normalität, nur, die gibt es auf beiden Seiten, im Moment jedenfalls, noch nicht. Aber es ist ja schon viel, wenn man darüber spricht.

K.: Wo wollen Sie eigentlich persönlich noch hin in Ihrem Leben?

B.: Ich? Nirgends! Ich will aufhören. Ich werde sicherlich nicht mehr als eine, höchstens zwei Amtszeiten Zentralratsvorsitzender sein. Ich habe nicht die Absicht, darin bis zum 80. Lebensjahr zu verharren. Also, ich werde garantiert aufhören, bevor die Menschen um mich herum sagen werden, na, will der nicht endlich aufhören.

K.: Sie haben doch gerade erst angefangen.

B.: Ja, aber ich habe lange gezögert, bevor ich mich darauf eingelassen habe. Als ich vor zwei Jahren gegen Galinski kandidierte und verlor, habe ich gesagt, o. k., dann eben nicht, und damit war dieses Kapitel für mich abgeschlossen. Daß ich mich entschieden habe, doch zu kandidieren, hing eigentlich in erster Linie damit zusammen, daß der eine oder andere meiner Wunschkandidaten nicht bereit war, anzutreten.

K.: Wer wäre Ihr Wunschkandidat gewesen?

B.: Einer meiner Wunschkandidaten war Professor Breitbart aus Mainz, er wollte aber nicht. Wenn Breitbart kandidiert hätte, hätte ich es nicht getan. Er ist nur ein Beispiel, es gab noch zwei, drei andere Personen.

K.: Ihr bisheriges öffentliches Engagement vor Ihrer Zeit als Zentralratsvorsitzender fand überwiegend im Rahmen der jüdischen Gemeinschaft statt, außerhalb sind Sie selten ins Rampenlicht der Öffentlichkeit getreten.

B.: Also ich habe mich zum Beispiel als Rundfunkratsvorsitzender des Hessischen Rundfunks oder in der F.D.P. engagiert, zum Teil auch nach außen. Wenn wir diese schweren Zeiten nicht hätten, würden Sie von mir als Zentralratsvorsitzender öffentlich auch weniger hören.

K.: Auch nicht im Zentralrat?

B.: Nein, ich bin angetreten mit dem Vorsatz, daß man von mir viel weniger hören wird als von Galinski.

K.: Es kam anders . . .

B.: Es kam anders, weil ich herausgefordert worden bin.

K.: Aber es liegt Ihnen auch?

B.: Ja, aber mir wäre es lieber, wenn ich nicht müßte.

K.: Die Situation in Deutschland wird sich auch wieder ändern . . .

B.: Dann wird man von mir auch kaum noch etwas hören.

K.: Das wäre schade.

B.: Ich kann mich doch nicht zu allem und jedem äußern.

K.: Man hat aber den Eindruck, es macht Ihnen auch Spaß, sich zu äußern, und der Öffentlichkeit ebenfalls.

B.: Ja, sagen wir so, ich flüchte nicht vor der Öffentlichkeit. Aber trotzdem wünschte ich mir, daß ich sie nicht brauchte. Ich bin mit dem festen Vorsatz angetreten, in der Öffentlichkeit nicht im Übermaß in Erscheinung zu treten.

Frankfurt, der Häuserkampf, die Gemeinde und der Fassbinder-Konflikt 1985

Als der knapp dreißigjährige Ignatz Bubis 1956 mit seiner Frau Ida von Pforzheim nach Frankfurt zieht, ist er schon ein gemachter Mann. Ein Akteur des Wirtschaftswunders in Deutschland. Den Besitz legt er wie einen Cordon sanitaire, einen Schutzgürtel, um sich und seine Familie. Nie wieder abhängig sein – von niemandem. Er engagiert sich in der Zionistischen Vereinigung Frankfurt. Irgendwann in den sechziger Jahren steigt er aus der Schmuckbranche um ins Immobiliengeschäft. Ein wohlhabender, einflußreicher Mann und somit ein gefundenes Fressen für die Linke, die ein paar Jahre später in der Mainmetropole wie anderswo in Deutschland und der Welt gegen »das Kapital« den Aufstand probt.
Die großen Demos auf den Straßen Berlins und Frankfurts sind schon fast ein halbes Jahrzehnt vergangen, als vor allem die sogenannten Sponti-Linken im Frankfurter Westend den »Häuserkampf« ausrufen. »Spekulanten«, so heißt es, zerstören die alten Gründerzeitvillen, sie entmieten brachial ihre Häuser, um sie verfallen zu lassen, damit sie mit hohem Gewinn verkauft werden können. Die Studenten besetzen eine ganze Reihe der Häuser, um den Wohnraum und die Großbürgerhäuser zu retten. Unter den Anführern der heutige Stadtrat für Multikultur in Frankfurt, Daniel Cohn-Bendit, der Umweltdezernent Frankfurts, Tom Koenigs, der Umweltminister und der stellvertretende Ministerpräsident Hessens, Joschka Fischer, sowie der Erfinder und Chef des heutigen Varieté-Tempels der Mainmetropole »Tigerpalast«, Johnny Klinke. Auch der Kabarettist Matthias Beltz ist mit von der Partie, der Publizist Thomas Schmid, der Hochschullehrer

Dan Diner und – am Rande – die Verfasserin dieser Zeilen. Rasch sind die Hauptköpfe der »Spekulanten« ausgeguckt, der bekannteste ist Ignatz Bubis. Daß sämtliche Namen der »Spekulanten« jüdisch sind – wie Preisler oder Selmi – fällt niemandem so richtig auf, niemand recherchiert die Hintergründe oder weitet den Kreis der »Westendzerstörer« auf nicht-jüdische Namen aus, denn dieser Stadtteil ist keineswegs »fest in jüdischer Hand«. Polizisten heißen schlicht »Bullen«, es ist die Zeit, als der Sponti-Spruch: »Haut die Bullen platt wie Stullen« entsteht.

Ignatz Bubis hat den Vorwurf, ein Spekulant zu sein, stets gelassen bestätigt – unser Wirtschaftssystem besteht geradezu aus »Spekulation«. Dennoch gilt er noch heute unter linken Traditionswahrern als »der Spekulant«, und das ist negativ gemeint. Es heißt soviel wie: der Wohnraumzerstörer, der Kapitalist. Unter anderem in den fundamentalistischen, antikapitalistischen Reihen der Grünen hält sich nach wie vor zäh das Bild vom »Spekulanten Bubis«.

In der Geschäftswelt genießt Ignatz Bubis jedoch hohe Anerkennung. Er gilt als Mann des Ehrenwortes, als einer, mit dem man ohne weiteres auf Zuruf Geschäfte macht. In den siebziger Jahren schrieb einmal eine Bank an ihn: »Sie sind das Musterbeispiel eines preußischen Kaufmanns«. Er selbst würde die Geschichte niemals selbst erzählen. Anfang 1986 durchsuchte die Staatsanwaltschaft Bubis' Geschäftsräume. Er sei, so lautete der Verdacht, in den Berliner Bau- und Korruptionsskandal verwickelt. Man beschlagnahmte zahlreiche Unterlagen, fand aber nichts Unkorrektes. Der Verdacht ließ sich nicht aufrechterhalten.

Seit den sechziger Jahren steht Ignatz Bubis der jüdischen Gemeinde Frankfurts vor, sie ist die zweitgrößte der Bundesrepublik. Und er repräsentiert eine Politik der Öffnung. In die jüdische Schule etwa dürfen auch nicht-jüdische Kinder zum Unterricht gehen, auch in die Kurse der jüdischen

Volkshochschule kann sich jeder einschreiben. Und im jüdischen Museum am Main kann sich jeder über die Shoah informieren und mehr über die Blüte des jüdischen Bürgertums und deren grauenvolle Vernichtung durch die eigenen Landsleute lernen.

Nur einmal ist Ignatz Bubis ganz bewußt ins gleißende Scheinwerferlicht getreten. Rainer Werner Fassbinder hatte ein Stück mit dem Titel: »Der Müll, die Stadt und der Tod« geschrieben. Es spielt in Frankfurt, wo der Filmemacher eine kurze Zeit lang das Theater am Turm künstlerisch geleitet hat. Im Text kommt eine Figur vor, die Fassbinder den »reichen Juden« nennt. »Er saugt uns aus der Jud. Trinkt unser Blut und setzt uns ins Unrecht, weil er Jud ist und wir die Schuld tragen ...« heißt es darin, und: »Schuld hat der Jud, weil er uns schuldig macht, denn er ist da.« Gerüchte kamen auf, daß mit dieser Kunstfigur Ignatz Bubis gemeint sei. Und Bubis handelte. Er sprach beim damaligen Oberbürgermeister Walter Wallmann vor, und er setzte sich mit Vertretern der Jüdischen Gemeinde zusammen. Als das Stück aufgeführt werden sollte, stürmte aus dem Publikum des Theaters heraus eine Gruppe vor allem junger Demonstranten auf die Bühne und besetzte sie. Unter ihnen Ignatz Bubis. Marcel Reich-Ranicki, damals im Publikum, stieg auf die Bühne, um ihn zu bewegen, das Feld zu räumen. Doch, so erinnert sich Reich-Ranicki, Bubis habe nur erwidert: »Ich kann hier gar nichts entscheiden. Wir sind gebunden an einen Beschluß der jüdischen Gemeinde. Und wir bleiben, wenn es sein muß, bis morgen früh.« Was Ignatz Bubis einmal beschlossen hat, steht er durch. Die öffentliche Aufführung des Stückes wurde verhindert.

Auch 1993 werden in Frankfurt noch immer – oder besser: erneut – jüdische Einrichtungen polizeilich bewacht. Bis Anfang der dreißiger Jahre existierte in Deutschland ein weitgefächertes Judentum, in Frankfurt entstand die Frankfurter

Schule mit Theodor W. Adorno, Max Horkheimer und vielen anderen, hier lebte auch Hannah Arendt. Anne Frank kam aus Frankfurt, und Valentin Sänger, der Schriftsteller, wohnt noch heute am Main. Es gab jüdische Schauspieler und Opernsänger, jüdische Geschäfte, Banken und Kneipen. Bis die Nazis kamen.

Seit einiger Zeit lädt die Stadt Frankfurt ein Mal im Jahr für ein paar Tage ehemalige jüdische Bewohner ein. Es sind heute alte Menschen, die oft mit Tränen in den Augen nach ihrer Straße, ihren Spielplätzen der Kindheit suchen. Es sind Frankfurter, die entweder fliehen konnten oder nach ihrer Inhaftierung in Lagern überlebten. Mancher von ihnen wohnte einst im Westend.

B.: Lassen Sie mich bitte eines vorausschicken: Es ist ein typisches Kennzeichen der siebziger Jahre, als das Westend bebaut werden sollte, daß für die linke Szene damals alle »Spekulanten« Juden waren. Selbst Selmi wurde von Ihnen in Ihrem Text soeben zum Juden erklärt. Warum eigentlich? Weil er für Sie damals ein Fremder, also deshalb ein Jude war? Selmi ist Moslem.

K.: Gut. Es mag an meinem äußerst schlechten Namensgedächtnis liegen, daß mir die Namen derjenigen nicht mehr einfallen, die damals de facto mit Abstellen von Wasser und Heizung ihre bewohnten Häuser auf üble Weise entmietet haben.

B.: Es sind in diesem Zusammenhang nie nicht-jüdische Namen genannt worden, obwohl es welche gab. Aber diese nicht-jüdischen Namen wie Goebel oder Scholz interessierten die sogenannten Linken ebensowenig wie die Namen Hochtief, Allianz oder andere Gesellschaften. Interessant waren nur die jüdischen Namen. Zu keinem Zeitpunkt, auch als Häuser besetzt wurden, an denen ich beteiligt war, habe ich in meinem Eigentum das Wasser oder die Heizung abgestellt oder abstellen lassen.

K.: *Aber Sie wissen, daß es in anderen Häusern durchaus der Fall war?*

B.: Davon habe ich gehört, aber ich habe es nicht gesehen und hatte damit nichts zu tun.

K.: *Gut, wir kommen noch auf diese Zeit zurück. Aber lassen Sie uns bitte erst ein Mal wissen, wie der Übergang vom Edelmetallhandel ins Immobiliengeschäft verlief?*

B.: Von Immobilien hatte ich eigentlich keine Ahnung, ich war in der Schmuckbranche tätig, hatte dort ein bißchen Geld verdient. Bis Anfang der fünfziger Jahre hatte ich nur Edelmetalle an sechs oder sieben Scheideanstalten in Pforzheim verkauft, die Großabnehmer aber saßen in Frankfurt. Die Degussa zum Beispiel saß in Frankfurt, Haeräus in Hanau. Im Laufe der Zeit habe ich auch diese Kunden geworben. Als der Edelmetallhandel nachließ, wandte ich mich dem Schmuckhandel zu. Meine Kunden waren dann im gesamten Bundesgebiet verteilt, und meine größten Kunden saßen in Berlin, so daß ich sehr oft in Berlin war. Dann kam 1961 die Mauer.
Die Immobilien in Berlin wurden mit einem Schlag sehr billig, die Preise fielen ins Bodenlose, auch in West-Berlin. Häuser, aber auch Grundstücke waren plötzlich sehr günstig zu haben. Es war eine Zeit, in der man am Kurfürstendamm schon für 300-400.000 Mark ein schönes Haus kaufen konnte. Das erste Haus, das ich überhaupt gekauft habe, war ein solches Haus für 320.000 Mark am Kurfürstendamm, und die Banken haben diese Häuser auch gerne beliehen, gerade wegen der niedrigen Preise. Man brauchte relativ wenig

Eigenkapital, und aus den Mieteinnahmen war es kein Problem, die Banken zu bedienen. Dann habe ich in West-Berlin ein weiteres und ein drittes Haus gekauft, um es in Besitz zu behalten. Das waren meine ersten Immobilien, und auf diese Weise wurde ich Immobilienbesitzer. Daraus entwickelte sich, daß ich auch mal in Hamburg etwas gekauft habe. Frankfurt war eigentlich immer zu teuer.

Im Jahr 1956 bin ich dann von Pforzheim nach Frankfurt gezogen und anfangs noch ständig zwischen Pforzheim und Frankfurt gependelt. Solange wir in Pforzheim wohnten, galt immer das Versprechen an meine Frau, irgendwann nach Paris zu ziehen. Doch dann war Frankfurt für meine Frau der Kompromiß und für mich die Erlösung. Anfangs haben wir in der Lilienthalallee gewohnt, in Bockenheim bzw. Ginnheim. Auch damals waren die Preise für Grundstücke in Frankfurt schon sehr hoch. Dann kam der Bauboom in Frankfurt, und nachdem ich schon ein bißchen Erfahrung gesammelt hatte, habe ich mit einem Partner in Frankfurt ein Grundstück gekauft, das wir gemeinsam mit einem Hochhaus bebaut haben – in der Ulmenstraße im Westend. Danach habe ich ein zweites Grundstück gekauft zum Bebauen, habe aber dann auf die Bebauung verzichtet und bin aus persönlichen Gründen aus diesem Kauf wieder ausgestiegen.

K.: Sie waren ja bis dahin, sagen wir, 20 Jahre in Edelmetallen tätig gewesen und haben dann plötzlich sukzessive Häuser gekauft, woher hatten Sie dazu das Know-how?

B.: Ich habe Architekten beschäftigt und mit Baufirmen gebaut und dabei gelernt.

K.: Haben Sie dabei auch gravierende Fehler gemacht?

B.: Ich glaube nicht. Ich habe mich nie um Einzelheiten gekümmert, ich habe mich um mein Geschäft gekümmert,
und das Bauen lief nebenher. Dafür waren die Architekten
und Ingenieure da.

K.: *Das Geschäft war noch der Schmuck?*

B.: Ja, der Schmuck. Ich habe auch auf der Messe in Frankfurt ausgestellt.

K.: *Haben Sie dann Ihr erstes Bürohochhaus behalten, oder haben
Sie es wieder verkauft?*

B.: Ich habe nur ein Bürohaus gebaut, und das gehört mir
heute noch zur Hälfte. Das einzige für eine Hochhausbebau-

Ignatz Bubis (links), daneben etwas verdeckt Heinz Herbert Karry
(ermordeter hess. Minister), Wirtschaftsminister Friedrichs
und Ida Bubis bei der Messe in Frankfurt

ung geplante Grundstück, das ich verkauft habe, ist dieses Grundstück Schumannstraße/Bockenheimer Landstraße.

K.: War das die im »Häuserkampf« berühmt gewordene Bocken-heimer Landstraße, »der Block«, ganz in der Nähe der Universi-tät?

B.: Ja, aber der Reihe nach. Mein zweites Grundstück in Frankfurt lag vis-à-vis des ersten Hauses, das ich erworben hatte, auch in der Ulmenstraße. Dann habe ich ein drittes ge-kauft, zusammen mit mehreren Partnern. An diesem be-rühmten Haus Bockenheimer Landstraße nahe der Ecke Senckenberganlage war ich eigentlich nur mit 20 Prozent beteiligt. Nominell belief sich meine Beteiligung auf 40 Pro-zent, aber davon entfielen 20 Prozent auf eine Treuhänder-schaft für jemanden Dritten. Mir haben an der Bockenhei-mer Landstraße also nie mehr als 20 Prozent der drei Häuser wirklich gehört. Es handelte sich ja nachher um einige Häu-ser mehr, weil ich einige Grundstücke bzw. Häuser auf Wunsch der Stadt dazugekauft habe.
Damals wandte sich der Planungsausschuß der Stadt Frank-furt an mich. Man hatte festgestellt, daß ein von mir einge-reichter Antrag auf den Bau von 16 Geschossen vorlag. Ich besaß die berühmte Ecke, also die drei Häuser in der Schu-mannstraße, die Hausnummern 67, 69 und 71, sowie das Haus Bockenheimer Landstraße Nummer 115. An dieser Stel-le wollte ich das Haus mit den 16 Geschossen bauen. Die Stadt war damit nicht einverstanden, sie hatte einen anderen, weiterreichenderen Vorschlag. Bitte, so die Stadt Frankfurt, kaufen Sie dazu noch die Hausnummern 61, 62, 63, 64 und 65 sowie die Ecke Bockenheimer Landstraße/Ecke Sencken-berganlage und reißen sie alle ab. Sie dürfen dann statt 16 so-gar 36 Geschosse bauen. Dann habe ich gesagt, gut, das werde ich mal versuchen. Bevor ich jedoch die 61 und 64 kaufen

konnte, setzte aber bei der Stadt Frankfurt ein Umdenken ein, was das Westend anging, nicht zuletzt, weil die Häuser besetzt worden waren. Daraufhin hieß es bei der Stadt, die Häuser müssen doch zum Teil erhalten bleiben. Meine Voranfrage mit den 36 Geschossen war aber schon genehmigt, und die von mir realisierten Wünsche der Stadt in die Berechnung einbezogen. Dann hat die Stadt gesagt, gut, also die beschiedenen 36 Geschosse, abgerissen wurde also nur ein Teil. Als Ausgleich für die abgerissenen Häuser habe ich im Westend 64 Sozialwohnungen gebaut, deren städtischer Anteil von mir finanziert wurde.

K.: *Waren die Häuser, an denen Sie beteiligt waren, alle bewohnt?*

B.: Das Gebäude Bockenheimer Landstraße Nummer 115 war unbewohnt. Ein Architekt verkaufte es mir und hat das Haus leer geliefert. Die Häuser mit den Nummern 69 und 71 hatten meine Partner schon in Besitz gehabt, sie hatten schon damit angefangen, die freien Wohnungen vorübergehend und nur noch mit kurzen Verträgen an Studenten zu vermieten – ganz einfach, um zwischendurch noch eine Rendite zu erwirtschaften. Und als ich dazukam, haben wir noch die Hausnummern 62, 63, 65 und die 67 dazugekauft, immer mit den gleichen Partnern, insgesamt waren wir 4. Wir waren auch im Grundbuch eingetragen. Wegen der zwanzigprozentigen Treuhänderschaft war ich insgesamt mit 40 Prozent eingetragen.

K.: *Waren die drei Häuser an der Bockenheimer Landstraße noch bewohnt?*

B.: Zum Teil. Die Wohnung im zweiten Geschoß der Nummer 65 hatte ich beispielsweise vorübergehend an drei

Doktoranden vermietet. An sie mußte ich hinterher 50.000 DM Abfindung zuzüglich Umzugskosten bezahlen.

K.: *Können Sie sich noch genau erinnern, wie das mit dem »Häuserkampf« losging?*

B.: Es fing eigentlich im Kettenhofweg an, dann bei Selmi …

K.: *Wie ging das für Sie los? Hat Sie irgend jemand angerufen und gesagt: »Ihr Haus ist besetzt!«?*

B.: Eine Gruppe marschierte vom Grüneburgweg, wo sie das Haus von Selmi besetzt hielten, zur Schumannstraße Nummer 65 und 67. Dann hängten die Mieter rote Fahnen zum Fenster heraus und erklärten damit die Häuser für besetzt. Später zogen immer wieder neue Leute ein, so daß wir über die Häuser ein Stück weit die Kontrolle verloren.

K.: *Und wie haben Sie von den Besetzungen erfahren?*

B.: Das weiß ich heute nicht mehr, ich habe es gesehen, und es stand auch in der Zeitung.

K.: *Wie war dann die Reaktion, in der Familie zum Beispiel?*

B.: Nichts, gar nichts.

K.: *Sie haben gedacht, es geht vorbei? Und dann ging es doch nicht vorbei.*

B.: Die Besetzung dauerte ein ganzes Jahr.

K.: *Sie hat Sie nicht weiter tangiert?*

Die Frankfurter Schumannstraße während des »Häuserkampfes«
Anfang der siebziger Jahre

B.: Es hat mich schon tangiert. Aber ich mußte mich erst ein Mal noch um meine Baugenehmigung bei der Stadt bemühen, obschon ich über die nötigen Zusagen verfügte und einige der Häuser doch nur auf Wunsch der Stadt erworben hatte.

K.: Hat etwa Ihre Frau nicht in der Zeit mal gesagt: »Verkauf doch!«

B.: An wen? Wem konnten Sie ein besetztes Haus verkaufen?

K.: Haben sich denn in dieser Zeit des Häuserkampfs die betroffenen Hauseigentümer miteinander über die Besetzungen beraten?

B.: Nein, jeder hat versucht zu sehen, wie er mit dem Problem fertig wird. Es sind einige der Hausbesitzer zur Gemeinde gekommen, ich war ja damals im Vorstand der Gemeinde, sie meinten, die Gemeinde solle intervenieren, dies alles sei antisemitisch. Ich habe den Standpunkt vertreten, daß die Gemeinde in wirtschaftlichen Fragen nicht interveniert. Ich bin dann, als die Häuser geräumt werden sollten, für fünf Jahre aus dem Gemeindevorstand ausgetreten.
Bis ich damals die Baugenehmigung bekam und die Häuser geräumt waren, hatte ich zwei Probleme: Zum einen hatte ich alles mit Bankengeld beliehen, und zum anderen waren die Zinsen hochgerannt auf 15, 16 Prozent, kalkuliert war das Projekt aber nur mit 7,5 Prozent. Doch es war kein Mieter in Sicht, und wenn mal einer da war, wollte er nicht in ein umkämpftes Haus. Das galt zum Beispiel für die Kreditanstalt für Wiederaufbau, der ich am Ende die Grundstücke dann doch verkauft habe. Zuvor allerdings hatte schon ein Vorstandsmitglied der KfW dagegen argumentiert, mit der Begründung, dies sei ein umstrittenes Haus, wenn angefangen werde, zu bauen, gebe es wieder Krawalle. Doch der Rest des

Vorstands entschied sich, es doch zu erwerben. Ich besaß noch ein weiteres Grundstück in Bergen-Enkheim, das für Wohnungsbau vorgesehen war – es brachte mich während der Rezession mit in die Klemme.

Zuvor hatten meine beiden Partner, die ursprünglich das Haus mit mir gekauft haben, ihre Anteile an einen Franzosen weiterveräußert. Dieser Franzose hatte die Anteile aber nur unter der Bedingung erworben, daß ich weiter Partner bleibe. Meinen Anteil wollten sie nicht kaufen, und so stand ich vor der Wahl, entweder mit den alten Partnern zusammenzubleiben oder mit den neuen Partnern zusammenzugehen. Von der Kapital-Ausstattung her glaubte ich, mit den neuen besser zu fahren. Die neuen Partner waren eine Tochtergesellschaft der Oppenheimer Bank aus Amerika, nicht der Oppenheimer aus Köln, und eine Privatperson, dieser Franzose eben, dem damals unter anderem das Sheraton und das Hilton in Paris gehörten. Er hat seinen Anteil an unserem gemeinsamen Projekt in Frankfurt aber nicht als Privatperson gekauft, sondern – und es war mein Fehler, das falsch einzuschätzen – über eine Gesellschaft. Auch die Oppenheimer Bank hat ihre Anteile nicht als Bank gekauft, sondern als in Luxemburg gegründete Gesellschaft »Opinko«. Der Franzose hat es ebenfalls über eine luxemburgische Gesellschaft gekauft, war aber nicht so doll mit Kapital ausgestattet. Ich ging nun aber davon aus, daß alle genug Geld haben, um ihre Firmen am Leben zu halten. Doch als die Rezession zwei, drei Jahre anhielt, wollten sie aussteigen. Ich sagte: »Ihr könnt nicht aussteigen.« Sie: »Doch, wir können.« Und sie wollten für das Geld, das sie an die anderen gezahlt hatten, nichts mehr zurückhaben. Nur mußte ich nun die Bankschulden übernehmen und hatte so plötzlich 100 Prozent der Grundstücke, aber auch 100 Prozent der Schulden.

K.: Das war noch während des Häuserkampfes?

B.: Das war schon zum Schluß des Häuserkampfes, als das Grundstück schon leer stand und wir bereits zu bauen angefangen hatten. Den Erdaushub hatten wir schon erledigt. Die Bank wollte mir alleine aber das Geld zum Bauen nicht geben, ihr erschien das Risiko zu groß, denn die Vermietungssituation in Frankfurt war schwierig, besonders für ein ehemals umkämpftes Grundstück. Dann brauchte ich für dieses Grundstück und für das andere in Bergen-Enkheim vier Millionen Mark Zinsen im Jahr. Und vier Millionen Mark Zinsen im Jahr habe ich nie verdient.

Dann habe ich nach und nach meinen Grundbesitz, den ich in Berlin im Laufe der Jahre und in Hamburg und in Bonn erworben hatte, verkauft. Alles, was ich im Laufe der Jahre an Grundbesitz erworben hatte, habe ich verkaufen müssen, um die Zinsen für die zwei unbebauten Grundstücke im Rhein-Main-Gebiet zu bezahlen. Das blieb ungefähr drei Jahre so.

K.: *Verkaufen konnten Sie es nicht?*

B.: Zunächst war gar kein Käufer da. Später habe ich es dann eben an die Kreditanstalt für Wiederaufbau verkauft. Mit dem Verkaufspreis habe ich erstens die Banken ablösen können, und es blieb mir zweitens noch etwas von dem zuvor Investierten übrig. Das andere Grundstück, das ich noch in Bergen-Enkheim besaß, habe ich mit sozialem Wohnungsbau bebaut.

K.: *War diese ganze Angelegenheit unterm Strich ein Verlustgeschäft?*

B.: Ja, ein enormes Verlustgeschäft. Die Krise spielte sich zwischen '72 und '76 ab. Nach diesem Debakel habe ich aber, bis auf einen Fall, nie mehr unbebaute Grundstücke gekauft, sondern nur noch bebaute Anlagen. Peu à peu habe ich wieder angefangen zu kaufen und, solange in Frankfurt der Immobilienmarkt praktisch darnieder lag, habe ich sowohl im Ausland als auch in Berlin Hotels für geschlossene Immobilienfonds gebaut, bei denen ich nur die persönliche Haftung übernahm und das Know-how lieferte. Das Geld, das Eigenkapital, kam von teilweise bis zu 600 unterschiedlichen Gesellschaftern. An einem Hotel in Tel Aviv beispielsweise waren ursprünglich 600 Gesellschafter beteiligt, ähnlich war es bei einem weiteren Hotel in Tel Aviv und bei einem in Elat.

K.: Um noch einmal auf Frankfurt zurückzukommen – hier lag ja wohl die Hauptverantwortung für den Häuserkampf und seine Folgen bei den kommunalen Politikern.

B.: Die Politiker wollten in Frankfurt Hochhäuser haben, sie hatten das Westend zum City-Erweiterungsgebiet erklärt.

K.: Wer waren denn bei der Stadt die treibenden Kräfte?

B.: Alle Parteien, es gab damals einen Allparteien-Magistrat. Der zuständige Dezernent hieß Kampfmeyer, nach ihm kam Adrian. Adrian hat nur noch die sogenannten Leichen im Keller zum Teil abgewickelt und zum Teil diejenigen genehmigt, die genehmigt werden mußten. Und heute ist die Stadt Frankfurt wieder dabei, in Westendnähe Hochhäuser zu bauen. Was jetzt noch genehmigt wird, ist zum Teil höher vorgesehen als ursprünglich geplant. Die Commerzbank wird höher genehmigt als ursprünglich geplant, die Dresdner Bank wurde nach dem Häuserkampf genehmigt, ebenso wie die neue Bank für Gemeinwirtschaft, die Bayerische Vereinsbank und das Hochhaus am Platz der Republik. Es war keineswegs so, daß nach dem Häuserkampf aus Frankfurt die Hochhäuser verschwanden.

K.: Was herrschte damals bei den Frankfurter Politikern für ein Denken vor? Würden Sie sagen, man hat städtebaulich Fehler gemacht, oder hat man Ihrer Meinung nach keinen Fehler gemacht, als man Ihnen die Genehmigung für das 36geschossige Hochhaus erteilte?

B.: Man hat keinen Fehler gemacht. Die Kommunalplaner wollten Frankfurt zur Bankenmetropole machen, zur Dienstleistungsmetropole. Ohne die Schaffung von Büros in City-Nähe, ohne die Westend-Häuser wäre Frankfurt nie das geworden, was es heute ist. Man hat ja eine Zeitlang versucht, am Rand der Stadt, in Niederrad, ein Bürozentrum zu bauen. Dort stand lange vieles leer. Und auch heute sind dort die Büromieten weniger als halb so hoch wie in der City. Aber der Stadtrand ist zu weit draußen, es fehlt dort an Infrastruktur. Wenn es das Westend nicht gegeben hätte, wären viele Firmen und Banken niemals nach Frankfurt gekommen. Das gilt beispielsweise für die Dresdner Bank ebenso wie für die Commerzbank, die von Düsseldorf kamen. Die Großbanken hatten früher alle ihren Hauptsitz in Düsseldorf.

K.: Im Grunde war nach Ihrer Ansicht das Konzept der städtischen Politiker richtig?

B.: Ja, absolut. Sonst könnte heute kein Mensch verlangen, daß die Europäische Zentralbank in Frankfurt etabliert werden soll. Frankfurt sähe heute anders aus. Wir hätten zwar wunderschöne alte Häuser, vielleicht zum Teil als Büros, es hätte viele Wohnungen gegeben. Aber eine Sekretärin würde noch heute nur 2.500 Mark verdienen.

K.: Haben Sie, als Sie in das Immobiliengeschäft einstiegen, in der Geschäftswelt Antisemitismus gespürt?

B.: Nein, überhaupt nicht, in der Geschäftswelt gibt es auch heute keinen Antisemitismus, überhaupt nicht. Allenfalls Neid. Antisemitismus war eher in der damaligen »Aktionsgemeinschaft Westend« zu spüren. (Eine Aktionsgemeinschaft aus Anwohnern während des Häuserkampfes, E. K.) Dabei gehörten dieser Gemeinschaft teilweise Leute an, die vorher ihre Westendhäuser für horrendes Geld verkauft hatten.

K.: Hatte es in der Geschäftswelt auch nach dem Krieg oder in den fünfziger Jahren in Pforzheim keinen Antisemitismus gegeben?

B.: In Pforzheim überhaupt nicht. Ich habe dort, wo ich geschäftlich zu tun hatte, nie Antisemitismus gepürt. Daß man manchmal Neid gespürt hat, ist klar, aber mehr war es nicht.

K.: Sie sind der klassische Selfmademan, sowohl in Edelmetallen als auch dann in Immobilien. Dazu braucht man doch Chuzpe, oder?

B.: Wieso? Allenfalls Verstand.

K.: Mußte man nicht einerseits ein bißchen größenwahnsinnig und andererseits sehr instinktbewehrt sein, wenn man in den fünfziger Jahren als 20jähriger ins große Geschäft einstieg?

B.: Ich habe in Israel einmal gleichzeitig drei Hotels gebaut, aber es sollten fünf werden. Da hat mich meine Frau folgendermaßen charakterisiert: Wenn ich dasselbe Geld bei einem Hotel verdienen würde, würde es mich nicht interessieren, es müssen gleich fünf sein.

K.: Dazu gehört Risikobereitschaft . . .

B.: Ja, Risikobereitschaft. Dabei bin ich gar nicht so risikobereit, ich bin eher ein vorsichtiger Kaufmann.

K.: *Aber muß man nicht auch stets an seinen eigenen Vorteil denken wollen ...*

B.: Nein, man muß an das glauben, was man tut, und vor allem: Man muß auch das Risiko richtig einschätzen können.

Jüdisches Leben und die Gemeinde Frankfurt

K.: *Wie sah denn das jüdische Leben in den Anfangsjahren in Frankfurt aus. Gab es schon die Synagoge?*

B.: Ja, sicher. Als ich Mitte der fünfziger Jahre nach Frankfurt kam, lebten schon fast 5.000 Juden in der Mainmetropole, die Zahl blieb bis heute ziemlich konstant, lediglich durch die Zuwanderung aus den GUS-Staaten ist die Gemeinde auf 6.000 Mitglieder gewachsen.

K.: *Haben Sie jemals Romane und Berichte der Überlebenden oder der sogenannten »Renegaten« gelesen, die in Konzentrationslagern überlebt haben: Primo Levi, Koestler, Semprun?*

B.: Ich habe solche Bücher nie gelesen und lese sie bis heute nicht.

K.: *Wie sah bei Ihnen zu Hause jüdisches Leben aus, haben Sie am Sabbat das Sabbatessen gehalten?*

B.: Das haben wir eigentlich nie besonders beachtet. Unsere Tochter hat uns irgendwann mal gesagt, daß sie es vermißt hätte.

Ida, Naomi und Ignatz Bubis Anfang der sechziger Jahre

K.: Haben Sie es daraufhin eingeführt?

B.: Nein, als wir es machen wollten, wollte sie dann nicht mehr. Wir halten es nur noch an Feiertagen, an Neujahr oder Jom Kipur. Am Nachmittag vor dem Fasten veranstalten wir dann zum Beispiel auch das letzte »große Fressen«.

K.: Wann und warum sind Sie in den Vorstand der Jüdischen Gemeinde eingestiegen?

B.: Ursprünglich bin ich aus Ärger reingegangen, aber als ich drin war, war der Ärger verflogen, und ich fing an, mich für das zu interessieren, was der Gemeinde fehlte. Allerdings muß ich dazu sagen, daß mein Freund Moritz Gertler dabei eine ganz wichtige Rolle gespielt hat, besonders bei der Errichtung der Schule. Zu dieser Zeit im Vorstand nach 1965 haben wir zum Beispiel den Kindergarten ins zentralere Westend verlegt. Wenn Sie so wollen, haben wir die Öffnung der Gemeinde betrieben, den sozialen Wohnungsbau gefördert, das Altenzentrum in der heutigen Form geschaffen, das Gemeindezentrum, die Schule, all das wurde während meiner Amtszeit errichtet. Bei der Errichtung der Schule habe ich mitgewirkt, bei den anderen Projekten war ich zwar der Initiator, aber grundsätzlich hat der jeweilige Vorstand die Arbeit gemeinschaftlich geleistet. Den Betrieb der Schule heute kann ich mir ohne Dr. Salomon Korn gar nicht vorstellen.

K.: Und die jüdische Volkshochschule?

B.: Bei der Schaffung der Volkshochschule habe ich kaum mitgewirkt, das war vor allem Michel Friedman. Er ist Rechtsanwalt und Stadtverordneter der CDU in Frankfurt. Ich war Vorsitzender der Gemeinde, aber die Organisation der Volkshochschule und die Kulturaufgaben hat er getragen.

K.: Was war das für ein Ärger, der Sie dazu brachte, sich in der Gemeinde zu engagieren?

B.: Es ging um eine Grundstücksangelegenheit, bei der ich Streit mit einem anderen Juden hatte. Nach guter alter jüdischer Tradition habe ich gedacht, wir gehen zum Rabbi und lassen ihn das klären. Dabei ist es üblich, daß sich jede Partei einen Interessenvertreter, also gewissermaßen einen Anwalt, nimmt, der für sie vor den Rabbi tritt. Aber dieser Vertreter ist in einem etwas anderen Sinne Anwalt als bei einem Gericht, denn er hat auch eine gewisse Neutralität zu wahren. Er trägt mein Anliegen vor, aber es kann passieren, daß er das Argument der Gegenseite als das richtigere anerkennt und mir entsprechend rät. Während dieser Streitigkeit habe ich nun plötzlich festgestellt, daß ein Vorstandsmitglied der Jüdischen Gemeinde – ich kannte ihn bis dahin gar nicht, aber mein damaliger Partner kannte ihn – gleichzeitig beide Parteien vertreten wollte, ohne uns das zu sagen. Darüber habe ich mich sehr geärgert, weil so etwas für mich unvorstellbar war. So, habe ich mir gesagt, ich muß doch mal nachsehen, wie es in einem solchen Vorstand zugeht. Also habe ich 1965 zum ersten Mal kandidiert und war dann auch der erste, der bei seiner ersten Kandidatur sofort gewählt worden ist. Ich werde nie vergessen, wie nach der Wahl ein Freund zu mir kam und schmunzelnd klagte: »Mich kennt hier in Frankfurt jeder, ich lebe seit 15 Jahren hier, aber ich bin erst im dritten Anlauf gewählt worden. Dich kennt keiner hier in Frankfurt, du kandidierst und wirst prompt gewählt.« Darauf habe ich geantwortet: »Das macht den Unterschied, dich kennt man.«

K.: Wurden Sie gleich in den Vorstand der Gemeinde gewählt?

B.: Gleich nach der ersten Wahl wurde ich Stellvertretendes und zwei Jahre später Ordentliches Vorstandsmitglied.

K.: Wie viele Rabbis gab es in der Zeit eigentlich in Frankfurt?

B.: Als ich nach Frankfurt kam, gab es Dr. Lichtigfeld s. A. und einen zweiten Rabbi, Dr. Szobel s. A., weil Dr. Lichtigfeld s. A. gleichzeitig Landesrabbiner war. Lichtigfeld war nur halb für Frankfurt zuständig und halb Landesrabbiner, und Szobel war nur Gemeinderabbiner. Als beide starben, haben wir nie wieder einen Rabbiner gehabt, der unseren Vorstellungen voll entsprochen hätte.

K.: Gab es später in Frankfurt oder Hessen nie mehr einen Rabbi, zu dem man bei Streitigkeiten gegangen wäre?

B.: Vielleicht sind welche hingegangen, ich weiß es nicht, weil das unter Datenschutz fällt. (Schmunzelt) Sagen wir es so: Es gab keinen, zu dem ich noch gegangen wäre.

K.: Sie bekommen, wie viele prominente jüdische Deutsche, seit langem antisemitische Drohbriefe. Wann begann das?

B.: Die habe ich schon beim Fassbinder-Konflikt 1985 bekommen.

K.: Und davor?

B.: Gelegentlich, ganz selten.

K.: Wann wurde das häufiger?

B.: In den letzten Jahren, aber das mag damit zusammenhängen, daß ich in den letzten Jahren mehr in der Öffentlichkeit gestanden habe. Ich habe ja früher auch keine Massen positiver Briefe bekommen wie jetzt. Als Vorsitzender der Gemeinde kam jede Woche mal ein Brief, mehr nicht.

K.: Sind die Sicherheitsmaßnahmen etwa vor dem Jüdischen Gemeindezentrum mehr als Schutz vor Anschlägen palästinensischer Terrorgruppen gedacht?

B.: Damit hat es angefangen. Es gab einen Anschlag in Paris, es gab einen Anschlag in Wien, einen Anschlag in München, auch einen in Frankfurt, viel später. Auf das Altersheim in München wurde schon viel früher ein Anschlag verübt. Die Sicherheitsmaßnahmen begannen nach 1967.

K.: Machen Sie, was Ihre Gemeindemitgliedschaft angeht, manchmal auch Kompromisse?

B.: Ja, aber es gibt Kompromisse, die ich nicht machen will. Ein Beispiel: Wir hatten vor zehn Jahren eine Gemeinderatswahl mit dem schmutzigsten Wahlkampf, den es in der Jüdischen Gemeinde Frankfurt je gegeben hat. Es wurde mit üblen Falschbehauptungen gegen mich gearbeitet. So wurde etwa behauptet, ich risse mit meiner Politik innerhalb der Gemeinde die Finanzen der Gemeinde in den Abgrund. Es gab eine starke Opposition, mit falschen Behauptungen. Und tatsächlich wurden aus unserer Gruppierung sieben gewählt, ebenso wie aus dieser anderen Gruppierung. Und es wurde ein Unabhängiger gewählt, der zuvor irgendwann zu der Gruppierung gehört hatte, zu der ich gehörte, der aber eigentlich ein Einzelgänger war. Er sagte zu mir: »Herr Bubis, ich habe die Schlüsselrolle, ich will Gemeinderatsvorsitzender werden. Dann schließe ich mich Ihrer Gruppe wieder an.« Er meinte den Parlamentsvorsitz, nicht den Vorstandsvorsitz. Ich antwortete ihm: »Herr Soundso, so leid es mir tut, aber ich halte Sie dazu für nicht geeignet ...«, dann wurde er mit den Stimmen der anderen Gemeinderatsvorsitzender, die Leute sind inzwischen alle nicht mehr im Gemeinderat. Erreicht hatte ich allerdings gar nichts, denn er wurde mit den Stimmen der anderen Vorsitzender, und unsere Gruppe war die dumme.

K.: Für was standen die anderen?

B.: Für sich.

K.: Was waren die Ziele dieses Zusammenschlusses?

B.: Es war eine Gruppe mit dem Motto: »Alles anders machen«. Nur wenige haben wieder kandidiert, inzwischen ist keiner mehr von ihnen dabei. Nur der damalige Gemeinderatsvorsitzende ist seit vier Jahren wieder im Gemeinderat. Seine Forderung war damals für ihn Bedingung, und ich sagte aus Prinzip nein. Später habe ich meine Absage eigentlich bedauert.

K.: Warum?

B.: Weil er so oder so Gemeinderatsvorsitzender geworden ist.

K.: Aber Sie waren ja ständig im Vorstand, er stand als Gemeinderatsvorsitzender eigentlich in keiner Konkurrenz zu Ihnen ...

B.: Nein, es war keine Konkurrenz, aber der Vorstand wurde von der anderen Gruppe gestellt. Ich hatte dann als Mitglied des Gemeinderats nicht nur einen unfähigen Gemeinderatsvorsitzenden, sondern auch noch einen unfähigen Vorstand. Insofern dachte ich hinterher, wir hätten vielleicht doch einen Kompromiß schließen müssen. Der Mann war – und ist – noch dazu eine ehrliche Haut.

Das Theaterstück
»Die Stadt, der Müll und der Tod«
und der Fassbinder-Konflikt 1985

K.: Wie begann aus Ihrer Sicht der sogenannte Fassbinder-Konflikt?

B.: Die Fassbinder-Geschichte fing eigentlich ganz harmlos an. Leute erzählten mir, mit dem Juden in dem Stück habe Fassbinder mich gemeint, ich sagte: »Quatsch« – damit war für mich der Fall zunächst erledigt. Ich kannte das Stück gar nicht. Dann kam Michel Friedman zu mir und übermittelte, Ulrich Schwab, der damalige Generalmanager der Alten Oper Frankfurt, würde das Stück gerne aufführen. Ich fragte: »Was für ein Stück ist das?« Er sagte: »Du mußt es lesen, und er möchte gerne, daß wir dem zustimmen, und hat angeboten – wir hatten noch nicht das Gemeindezentrum wie heute –, es bei uns im Gemeindesaal Baumweg aufzuführen vor Gemeindemitgliedern«. Wir hatten dort einen Saal für 120 Leute. Das war ein Trick von Schwab, denke ich, denn für ihn ging es in der Hauptsache um die Möglichkeit einer Aufführung, um es dann überall aufführen zu konnen. Denn laut Fassbinders Vermächtnis durfte das Stück nur in Frankfurt, Paris oder New York uraufgeführt werden. Erst danach war es frei für alle Bühnen. Ich sagte daraufhin: »Wenn jemand zu mir kommt und sagt, er will ein Stück aufführen und will die Zustimmung der Jüdischen Gemeinde, dann heißt das, er rechnet auch mit der Möglichkeit, daß er sie nicht bekommt. Dann will ich das Stück erst lesen.« Ich habe das Stück in Wiesbaden auf der Toilette gelesen. Ich blieb eine halbe Stunde sitzen, bis ich es durchgelesen hatte. Danach lautete meine Entscheidung: »Ich will alles tun, um die Erst-Aufführung dieses Stückes zu verhindern.«

Ich ging zu Ulrich Schwab und erklärte: »Sie sollen wissen, wir werden alles tun, damit dieses Stück nicht aufgeführt wird«. Er wollte es dann doch bei den Frankfurt-Festen in der Alten Oper aufführen, dazu hat er sogar seinen Aufsichtsrat hintergangen. Denn als dieser ihn fragte, ob er bereits Schauspieler dafür engagiert hätte, bestritt er das. Auch, daß bereits Kosten entstanden waren, bestritt er. Dabei war das Stück zu diesem Zeitpunkt fix und fertig vorbereitet, Schauspieler waren da und die Proben schon abgeschlossen. Es sollte in der Frankfurter B-Ebene aufgeführt werden. Der Aufsichtsrat hat es dann gestoppt. Das war der Beginn des Eklats um Ulrich Schwab, der am Ende Frankfurt mit einer üppigen Abfindung verlassen hat. Wer ihn danach als leitenden Mitarbeiter wieder ins Schauspiel Frankfurt zurückgeholt hat, kann meiner Ansicht nach nicht alle Tassen im Schrank gehabt haben. Das Ergebnis ist bekannt. (Er wurde noch einmal mit einer weiteren Abfindung versehen und entlassen. E. K.)

Gut, zurück zu dem Stück. Dann kam Günther Rühle, der Intendant der Städtischen Bühnen, und wir hatten ein Gespräch in der Gemeinde. Ich sagte: »Sie sollen wissen, wir werden alles tun, damit das Stück nicht aufgeführt wird.« Was bis heute keiner weiß: Wir haben 100 Karten nachgedruckt. Wir haben fünf oder sechs reguläre Karten gekauft, die restlichen hat eine Druckerei für uns nachgedruckt, es waren gefälschte Karten. Den Leuten, denen wir die nachgedruckten Karten gegeben haben, haben wir gesagt, ihr dürft euch nicht auf die Plätze setzen, denn die Karten stimmen nicht. So haben wir uns stehend verteilt, und 30 Leute sind direkt auf die Bühne gestiegen.

K.: Wie kommt so jemand wie Sie, der eigentlich als Demonstrant wenig Erfahrung hat, in einer solchen Situation zurecht?

B.: Als diese Aufführung stattfinden sollte, habe ich zum ersten und einzigen Mal daran gedacht, aus Deutschland wegzugehen. Daß so was aufgeführt werden könnte, mit derart offen antisemitischen Sprüchen. Wenn so etwas möglich ist, dachte ich, dann kann ich nicht in Deutschland bleiben.

K.: *Haben Sie das auch in Ihrer Familie so besprochen?*

B.: Nein, nur ich für mich. Aber ich weiß, daß meine Frau ähnlich dachte.

K.: *Haben Sie sich denn wirklich durch die Figur in diesem Stück angesprochen gefühlt?*

B.: Nein, überhaupt nicht. Die Vorlage für das Stück »Die Stadt, der Müll und der Tod« war ja das Zwerenz'sche Buch »Die Erde ist unbewohnbar wie der Mond«. Dieser Jude war wirklich eine Kunstfigur, so einen gibt es nicht. Mir ging es auch nicht um die Figur, es ging um die Aussagen, die das Stück enthielt.

K.: *Und nun standen Sie plötzlich auf der Bühne ...*

B.: Vorher waren wir bei OB Walter Wallmann. Er flog am Sonntagvormittag nach Japan und empfing zuvor noch den Vorstand der Jüdischen Gemeinde. Aber Walter Wallmann wollte das Stück nicht verbieten. Seine Position: kein Verbot für Kunst. Bevor wir besetzt haben und Wallmann nach Japan flog, habe ich ihm gesagt: »Wir werden nicht zulassen, daß das Stück gespielt wird.« Darauf Wallmann: »Sie sind sich darüber im klaren, daß das Hausfriedensbruch ist.« Nebenbei bemerkt: Heute gilt das Werfen von Molotowcocktails auf Asylheime auch als Hausfriedensbruch. Ich antwortete Wallmann, darüber sei ich mir im klaren, aber ich würde auf die Bühne gehen. Inzwischen war Wallmann zurück, und es sollte zu einer internen Aufführung kommen. Die interne Aufführung wollten wir nicht verhindern, sie sollte ausschließlich vor Kritikern stattfinden. Anschließend sollte das Stück noch ein Mal gezeigt werden. Dann fand am 31. Oktober 1985 die Besetzung der Bühne statt.

Es kam der 9. November, der Jahrestag der Reichspogromnacht, und die Gedenkstunde in der Synagoge. Walter Wallmann hielt eine Rede und verteidigte, warum er das Stück nicht verbieten könnte. Für die Jüdische Gemeinde Frankfurt hat Hermann Alter gesprochen. Es hatte an dem Tag vorher eine öffentliche Vereidigung der Bundeswehr gegeben. Und Hermann Alter hat sich auseinandergesetzt mit dem Stück und der Vereidigung, auch die sogenannte Historikerdebatte war ja damals schon voll im Gange. Später wurde ich

Ignatz Bubis mit Michel Friedman bei der Bühnenbesetzung anläßlich des Fassbinder-Stücks in Frankfurt, 1985

von Leuten gefragt, was ich denn über Wallmanns Rede und seine Aussage zum Hausfriedensbruch denke. »Ich kann es nicht ändern«, habe ich geantwortet, »jetzt weiß ich, daß ich in den Augen Wallmanns ein Verbrecher bin. Ich werde damit leben müssen.«

Es hatte ja zuvor eine große Diskussion im Stadtparlament gegeben, und die meiner Meinung nach heuchlerischste Rede hat übrigens Frankfurts Kulturdezernent, mein Freund Hilmar Hoffmann, gehalten. Was der rumgeeiert ist. Fassbinder wäre ein großer Künstler, und wie schlecht das Stück doch sei, und dann am Ende, wie gut es doch sei, so etwas sei nicht aufführbar, aber man müsse es aufführen. Der hat einfach nicht gewußt, wie er sich herauswinden sollte. Ich habe ihm damals während seiner Rede durch einen Boten einen Zettel zugeschickt, darauf hat nur ein Satz gestanden: Dies ist die heuchlerischste Rede, die ich je gehört habe. Danach habe ich ja eine ganze Weile auch nicht mehr mit Hilmar Hoffmann gesprochen.

K.: Wie war Ihr Verhältnis zu Günther Rühle, dem damaligen Intendanten?

B.: Mit Günther Rühle hatte ich ein Null-Verhältnis.

K.: Haben Sie es Walter Wallmann nicht übel genommen, daß er das Stück nicht verboten hat?

B.: Wallmann war gegen die Aufführung, wollte aber kein Verbot aussprechen. Dafür hatte ich Verständnis. Der damalige Polizeipräsident Gemmer hat damals in irgendeiner Erklärung gesagt, er werde mich im Falle einer Besetzung nicht von der Bühne heruntertragen lassen. Ich habe ihn daraufhin wissen lassen, er brauche mich nicht herunterzutragen. Wenn die Polizei komme und mich auffordere, zu gehen, würde ich auch gehen. Denn ich würde keinen Widerstand leisten. Ich habe auch dazugesagt, ich weiß nicht, wie die anderen sich verhalten werden. Aber ich werde auf jeden Fall, wenn die Polizei kommt und mich auffordert zu gehen, die Bühne verlassen.

K.: Wie kam es dann trotzdem später zu Ihrer Freundschaft mit Walter Wallmann?

B.: Wir waren schon vorher befreundet, und Wallmann hat es akzeptiert, daß ich standhaft war. Ich war auch Wallmann nicht böse, daß er seinen Standpunkt vertreten hat, nur ich hatte eben einen anderen. Lediglich der Kulturdezernent Hilmar Hoffmann hatte mehrere.
Die Stadtverordnetenfraktion der CDU hat übrigens damals einen Fehler gemacht. Sie ließ Michel Friedman seine erste Rede halten, zum Fassbinder-Konflikt. Die Fraktion hätte, wenn schon, nicht gerade einen Juden zu diesem Thema reden lassen sollen. Es war seine Jungfernrede im Stadtparlament, er war noch jung als Mitglied der Stadtverordnetenversammlung. Das fand ich geschmacklos. »Wenn ihr dagegen seid«, hätte man ihnen zurufen müssen, »dann stellt euch selber hin und laßt nicht einen Juden dagegen sprechen!«

K.: Wie war das denn für Sie, Sie standen ja mit Leuten auf der Bühne aus einer ganz anderen Generation?

B.: Der heutige grüne Politiker Micha Brumlik war ja auch oben, er hat dabei in seiner Partei eine hervorragende Arbeit geleistet in dieser Sache. Er hat sie überzeugt, daß so etwas einem Juden nicht zuzumuten ist. Und ich habe ja von oben mit Cohn-Bendit diskutiert, der sagte: »Ihr müßt das Stück spielen lassen, aber ich freue mich natürlich, daß ihr hier als Besetzer auftretet.« Auch mit Tom Koenigs von den Grünen habe ich diskutiert, von der Bühne aus. Und Christian Rabe von der SPD-Fraktion im Römer ließ mich aus dem Zuschauerraum wissen, er habe eine jüdische Großmutter oder was immer und sei trotzdem für die Aufführung, denn ein Verbot würde nur den Antisemitismus fördern. »Wissen Sie, Herr Rabe«, habe ich ihm von der Bühne runter gesagt, »ich bin schon einmal aus Deutschland weggegangen, dann werde ich noch mal aus Deutschland weggehen, was soll es.« Ich war zu allem entschlossen.

Ignatz Bubis über sich
oder ein Liberaler und die Tagespolitik

Wo immer er sich auch aufhält, er muß garantiert gleich tele-
fonieren. Den Hörer zwischen Kopf und Schulter einge-
klemmt, tippt er unentwegt Nummern ins Wählfeld des Tele-
fons. Den Mund stets ein bißchen geöffnet, die Unterlippe
nach vorn geschoben, huscht er durch sein eigenes Büro, so
behutsam und diskret, als habe ein Dritter um Ruhe gebeten.
Wenn für andere der Feierabend beginnt, fängt für ihn der
eigentliche Arbeitstag erst an. Die Kette der Interviewwün-
sche reißt nicht ab, ganz egal wo er sich aufhält, in Frankfurt,
New York oder Tel Aviv. Stets betont er seinen Nachnamen
auf der zweiten Silbe, und immer trägt er Anzug und Krawat-
te, als sei seriöse Bekleidung seine Uniform. Hobbies hat
Ignatz Bubis keine, Freizeit fehlt ihm nicht, weil er sie nicht
braucht. In die Tasche seines Oberhemdes hat die Brille ein
Loch gerissen, er bemerkt es gar nicht.
Er ist Mitglied der F.D.P, seit ihn Heinz Herbert Karry, der
später ermordete hessische Wirtschaftsminister, zum Eintritt
in seine Partei ermutigt hat. Karry bot Ignatz Bubis im Laufe
der Zeit mehrere politische Ämter an, doch Bubis hat sie
stets abgelehnt. Die hauptamtliche Politik hätte ihn geko-
stet, was ihm am allerwichtigsten ist: seine persönliche Unabhängigkeit. In seiner Partei gilt er sehr viel, aber man hört
nicht immer auf ihn. Als er etwa 1992 beim Parteitag in Bre-
men eine Rede für die Erhaltung des Asylparagraphen im
Grundgesetz hielt, bekam er viel Applaus, doch die Ver-
sammlung stimmte gegen ihn ab. Ignatz Bubis macht sich
Gedanken über nahezu alle Themenbereiche der Politik, vor
allem die Situation der Asylanten und Flüchtlinge beschäftigt ihn. Seine Haltungen entwickeln sich, sind work in pro-

gress, und gleichzeitig handelt und argumentiert er spontan. Er ist ein Liberaler im engsten Wortsinne, Wirtschaftsliberaler in der Ökonomie, Linksliberaler in der Rechts- und Innenpolitik.

Immer sitzt er, die Beine auseinander, den Oberkörper leicht vornübergebeugt, ein bißchen da wie ein Buddha. Die Schultern etwas vor, die Arme schlaff, als sammle er seine Energie in der Körpermitte. In Phasen der Konzentration oder der Aufregung kommt es vor, daß er in dieser Pose erstarrt. Den Mund geöffnet, regungslos. Wie körperlich taub. Als könne nichts und niemand ihn berühren, als perle alles Äußerliche an seiner Außenhaut ab. Beim Gehen wiegt er sich leicht. Wenn man über einen Menschen sagen kann, er ist stolz auf sich und zugleich frei von persönlicher Eitelkeit, dann ist es Ignatz Bubis. Macht und Einfluß haben will er schon, bei

Ignatz Bubis mit seinem Parteivorsitzenden Otto Graf Lambsdorff

ihm ist das kein Widerspruch. In dem Hotel in Tel Aviv, an dem er beteiligt ist, kennt nicht jeder Angestellte auf Anhieb seinen Namen. Doch im Hotel-Restaurant strebt er sofort den gewünschten Tisch mit dem Zielbewußtsein eines Menschen an, der weiß, daß das Lokal letztlich auch ihm gehört. Einen Kellner um Erlaubnis zu fragen, käme ihm nicht in den Sinn. Innerhalb seines Eigentums ist er der Chef, und zugleich muß er das nicht großspurig demonstrieren.

K.: Sie haben einmal gesagt, meine Enttäuschung wegen des erzielten Asylkompromisses ist doppelt. Daß man das Instrument der Einbürgerung nicht ausgeschöpft hat und das Individualrecht auf Asyl nicht geblieben ist.

B.: Ja, ich muß allerdings sagen, daß ich noch nicht weiß, ob das Individualrecht wirklich nicht erhalten geblieben ist. Das muß sich noch herausstellen, um das kämpfe ich noch.

K.: Was würden Sie persönlich als Ihre wichtigsten Charakteristika bezeichnen?

B.: Was ich zu Hause erlebt habe, ist mir tief verwurzelt. Ich ertrage es zum Beispiel nicht, wenn jemand lügt. Etwas Schlimmeres kann mir keiner antun, als mich anzulügen. Respekt habe ich auch zu Hause gelernt, Respekt vor allem vor älteren Menschen. Ich habe meinen Vater immer in der dritten Person angesprochen, auch meine Mutter. Nie jemanden zu beleidigen, war mir wichtig und ist es mir heute noch. Obwohl das schon vorkommen kann, dann aber nicht böswillig. Ich versuche in Streitfällen zunächst selbst immer die Position des anderen einzunehmen, frage mich, könnte der andere nicht im Recht sein. So bin ich erzogen worden, das zählt für mich mit zur Tradition. Ich bin zum Beispiel auch kein mißtrauischer Mensch, glaube zunächst einmal jedem alles, bis ich mich vom Gegenteil überzeuge. Das ist, denke ich, eine Charakterfrage.

Entscheidend wichtig für mich ist, daß ich in meinem Leben nie abhängig sein wollte, von nichts und niemandem. Ich wollte auch nie mit einer festen Arbeitszeit von acht bis fünf Uhr arbeiten, ich wollte immer meine Freiheit haben. Unabhängigkeit in jeder Hinsicht und Freiheit sind mir sehr, sehr wichtig. Daneben spielt Ordnung für mich eine enorme Rolle. Der Schreibtisch kann bei mir so überladen sein, wie er will, wenn ich etwas suche, finde ich es mit einem Griff. Es mag sein, daß meine Ordnung nach außen auch einen spielerischen, fast chaotischen Eindruck macht, aber ich muß meine Schemata genau einhalten. Ich kann zugleich improvisieren, mich von einem Moment zum anderen umstellen. Es handelt sich also um eine Art geordnetes Chaos. Auch mein Vater war sehr ordentlich, bei ihm gab es kein Papierchen, das ohne Sinn irgendwo lag. Ein Schreibtisch, auf dem zwei Papiere liegenblieben, war bei ihm undenkbar. Meine Ordnung ist eine ganz andere. Alles sieht aus wie ein Drunter-und-Drüber, aber ich finde darin fast alles auf Anhieb. Es sei denn, meine Sekretärin hat inzwischen etwas ordnen wollen, dann ist alles aus. Ohne meine Art der Ordnung könnte ich weder meine Termine noch meinen Lebensrhythmus halten.

Nicht nur die jüdische Kultur, Kultur im allgemeinen bedeutet für mich sehr viel, weil sie ein Teil des Lebens ist. Zur Kultur gehört für mich alles mögliche, Theater, Konzerte, aber auch das tägliche Leben, das tägliche Miteinander. Je mehr Freizeit es in unserer Gesellschaft gibt, desto mehr Kultur ist notwendig, weil Kultur eine Verrohung der Sitten verhindern kann. Ich könnte den Kulturbegriff niemals etwa nur auf Musik beschränken, denn Musik sagt mir nicht viel. Wenn überhaupt Musik, dann höre ich Bach oder Mahler, auch weil beide ein bißchen religiös, besinnlich inspiriert sind. Doch den Unterschied zu Chopin beispielsweise könnte ich nach Gehör nicht vollziehen. Jazz mag ich sehr gern, aber mehr noch mag ich flotte Tanzmusik. Ich war früher ein sehr guter Tänzer, obwohl ich nie tanzen gelernt habe.

Seit ich aus dem Lager gekommen bin, habe ich immer großen Wert auf Wohnkultur gelegt. Dabei bin ich wahrscheinlich kein Hedonist, kein wirklicher Genießertyp. Ich empfinde es ganz einfach als Beruhigung, daß Komfort dort vorhanden ist, wo ich wohne. Ich stelle an mich die höchsten Ansprüche, mich selbst aber hintenan. Wenn ich beispielsweise in Urlaub fahren soll, und es kommt mir ein wichtiger Termin dazwischen, dann sage ich selbstverständlich den Urlaub ab. Die gleichen Ansprüche stelle ich an meine Familie, daß sie vor den Bedürfnissen anderer zurücktritt. Wenn auf etwas verzichtet werden muß, dann erwarte ich, daß zuerst ich verzichte, dann die Familie verzichtet und erst dann die anderen. Das bedaure ich, ehrlich gesagt, auch ein bißchen. Solange ich etwa den Vorsitz des Rundfunkrates beim Hessischen Rundfunk innehatte, habe ich nur ein einziges Mal gefehlt, aber das hing damit zusammen, daß die Sitzung an einem hohen jüdischen Feiertag stattfand. Immerhin war ich sechs Jahre Rundfunkratsvorsitzender.

K.: Die deutsch-amerikanische Schriftstellerin Irene Dische hat einmal über Sie in »Transatlantik« geschrieben, man habe Ihnen während der Nazizeit die Zähne ausgeschlagen, trifft das zu?

B.: Das ist blanker Unsinn. Die Brücken in meinem Mund habe ich etwa vor zehn, fünfzehn Jahren anfertigen lassen, weil ein Teil meiner echten Zähne krank und meiner Ansicht nach auch häßlich anzusehen war, also aus medizinischen oder ästhetischen Gründen. Ich sagte bereits, daß ich im Lager nur selten geschlagen worden bin.

*K.: Kann man Sie als Kommunikator bezeichnen, Sie sprechen, te-
lefonieren, verhandeln fast ohne Unterlaß?*

B.: Ich gehöre heute sicherlich zu den Menschen, die unentwegt kommunizieren. So gesehen, könnte man mich als
Kommunikator bezeichnen, ich spreche oder telefoniere
oder verhandle fast pausenlos. Ich kann auch an keinem be-
druckten Papier vorbeigehen. Wenn nichts zu lesen da ist, lese ich Zeitungen vom vorigen Monat. Ich hatte einen
Freund in Brasilien, mit dem wir noch bis vor zehn Jahren
oft zusammen in Urlaub gefahren sind. Wir gingen spazieren und unterhielten uns, und manchmal las ich dabei.
Abends auch, ich blieb hin und wieder unter einer Straßenla-
terne stehen und las weiter. Mein Freund hat sich deshalb
immer über mich lustig gemacht. Aber mir kann heute noch
passieren, daß, wenn ich abends ein Buch zur Hand nehme
und versuche zu lesen, ich es erst aus der Hand lege, wenn es
fertig ist. Und manchmal habe ich dann nicht bemerkt, daß
es inzwischen fünf Uhr morgens ist. Ich lese eigentlich alles,
aber was mich besonders interessiert, ist Geschichte und aktuelle Tagespolitik, Literatur weniger.

*K.: Es sieht ganz so aus, als habe der Antisemitismus in Deutsch-
land Ost wie West nie aufgehört zu existieren. Sie haben mal
gesagt, und es hat mich etwas überrascht, das Tabu habe sich ge-
lockert, zum guten Ton gehöre Antisemitismus noch nicht, so weit
seien wir »noch« nicht.*

B.: Zum guten Ton gehört es noch, nicht Antisemit zu sein,
aber man geniert sich nicht mehr, sich antisemitisch zu
äußern. Dieses Tabu ist gefallen.

K.: Aber Sie sagten, »noch« gehöre es nicht zum guten Ton.

B.: Noch nicht, es kann zu einer Art Salon-Antisemitismus kommen. Ich habe einmal gesagt, wenn man die Demonstranten bei den Lichterketten gefragt hätte, was sie über die Asylanten in Deutschland denken, dann hätte man von vielen zu hören bekommen, Menschenwürde ist heilig, aber das Asylrecht muß geändert werden. Ich gehe davon aus, daß viele der Demonstranten, die für Menschenwürde und gegen Gewalt demonstriert haben, gleichzeitig auch eine Änderung des Asylrechts angestrebt haben. Ich bin durch eine Emnid-Umfrage inzwischen in dieser Einschätzung bestätigt worden. Ich bin zwar ein gutgläubiger Mensch, aber ich spüre meistens, was wirklich passiert. Ich orientiere mich an meinem Instinkt und versetze mich auch in andere hinein. Ich treffe so manchmal genau den Punkt, auf den es ankommt, ohne es zu vorher wissen. Ich hatte, glaube ich, schon als Kind diesen Instinkt.

Ich kann von mir auch sagen, ohne dabei überheblich wirken zu wollen, daß ich dumme Menschen nicht mag. Ich habe nicht die Geduld, jemandem zu erklären, warum zwei mal zwei vier ist. Wenn mich jemand fragt, wieso, sage ich, tut mir leid, ich kann es nicht erklären. Die Zeit nehme ich mir nicht und die Geduld auch nicht. Ich behandele Menschen, die nicht schnell begreifen, ungeduldig, dies ist sicher eine meiner negativen Eigenschaften. Und in dem Moment, in dem jemand mir gegenüber den Holocaust thematisiert, weil er denkt, das sei er mir als Juden schuldig, dann habe ich Hemmungen, dieses Thema mit dieser Person zu vertiefen.

K.: Können Sie begründen, warum Ihrer Meinung nach ein Tabu gefallen ist, oder ist das eher ein Gefühl?

B.: Ich merke das an den Zuschriften, die ich bekomme. Es ist schwierig zu beschreiben, aber ich spüre es an der Art der Briefe. Es ist nicht das Ausmaß des Radikalen, das ich meine.

Es heißt zum Beispiel in einem Brief: »Warum müssen sich die Juden überall einmischen?« Das würde ein Radikaler nicht so formulieren. Diese Formulierung verfährt nach dem Motto, ich meine es gut mit euch, aber was geht euch das Asylrecht an, ihr seid nicht damit gemeint. Aber wenn ihr so weitermacht... Auch zum Beispiel die Geschichte mit dem Rostocker Ex-Abgeordneten Karl-Heinz Schmidt. Er hatte ja provokant die Frage gestellt, ob meine Heimat nicht Israel sei. Schon in seiner Einleitung hatte er gesagt: »Sie bezeichnen sich als deutschen Staatsbürger jüdischen Glaubens.« Schon darin lag die Ausgrenzung. Viele kommen und sagen: »Er hat ja recht, ihr seid ja keine Deutschen, auch wenn ihr so tut als ob.« So steht es in Briefen, die ich erhalte.

Meistens sind es Ältere, kaum Junge, neuerdings auch Akademiker, das merkt man am Stil. Und ich stelle bei manchen anonymen Briefen, die ich bekomme, fest, daß ich, wenn ich den Umschlag zur Hand nehme, schon genau weiß, was im Brief steht. Ich merke an der Art, wie die Adresse auf den Briefumschlag geschrieben wurde, ob der Inhalt positiv oder negativ ist. Man kann das schon an der Art der Anrede und an der Schrift auf dem Briefumschlag erkennen, wenn man Übung hat.

K.: *Ob da dann steht: An Herrn Ignatz Bubis, oder...*

B.: Nicht nur das. Wissen Sie (lacht) es ist komisch, wenn die Anrede chaotisch draufgeschrieben ist oder ganz akkurat, handelt es sich meistens um einen miesen Brief. Getäuscht habe ich mich selten.

K.: *Es hat mal jemand über Sie gesagt, Sie würden Ihre Positionen im Laufe von Entwicklungen ändern. Das wäre ja nichts Schlimmes, aber wie geht das bei Ihnen vor sich, denn Sie werden ja sicher von vielen Seiten mit Ratschlägen bestürmt.*

B.: Ja, wenn ich einsehe, daß ich nicht im Recht bin, kann ich meine Position schon ändern. Es dauert lange, bis ich das einsehe. Meine Frau meint sogar, ich sei uneinsichtig. Ich habe mich, muß ich gestehen, beispielsweise mit dem Kompromiß zum Asylrecht fast abgefunden. Ich warte nur noch darauf, was dabei herauskommt, denn ich glaube immer noch an das, was Kanzler und SPD mir versichert haben: Für politisch, rassisch und religiös Verfolgte wird es weiterhin das individuelle Recht auf Asyl geben und einen Rechtsweg ebenso. Aber ich muß gestehen, daß ich mich bis jetzt mit dem Kompromiß wenig beschäftigt habe. Mir war die Zusicherung von Frau Leutheuser-Schnarrenberger, Herrn Hirsch, Herrn Engholm, Herrn Schröder, dem Bundeskanzler, Herrn Schäuble und Herrn Seiters, das Recht auf Asyl aufrechtzuerhalten und nicht einzuschränken, wichtig. Mit einem solchen Kompromiß, wie von mir angenommen, könnte ich leben. Allerdings, wenn, wie viele Kritiker zu wissen glauben, dann kein Flüchtling mehr die Bundesrepublik betreten kann, weil keiner mehr bis nach Deutschland durchkommt, dann wäre das ein schlechter Witz. Aber daran glaube ich nicht.

K.: Ich möchte Sie jetzt gerne um Ihre Meinung zu den bedeutendsten deutschen Politikerpersönlichkeiten im Nachkriegsdeutschland bitten? Zunächst zu Adenauer.

B.: Konrad Adenauer betrachte ich als einen sehr weisen Staatsmann, der die Versöhnung mit dem Westen gesucht hat. Ich glaube nicht, daß ihm an der Versöhnung mit dem Osten gleichermaßen gelegen war. Er hat sich der jüdischen Gemeinschaft verpflichtet gefühlt, er war ja selbst ein Verfolgter der Nazizeit. Und er wußte sehr genau, was um diese Zeit geschehen ist und was Verfolgung zu bedeuten hat. Sein Treffen mit Ben Gurion und seine Zusagen über Wiedergutmachung waren tief geprägt von Verantwortungsbewußtsein.

Ich kann mich auch sehr gut an den Moment erinnern, als Willy Brandt in Warschau zum Gedenken an den Aufstand im Ghetto den berühmten Kniefall tat. Dazu muß ich erläuternd vorausschicken, daß das Knien für einen Juden fremd ist und keine Geste der Demut darstellt. Es wird eigentlich als ein Brauch der Heiden betrachtet, der Andersgläubigen. In der jüdischen Lithurgie wird nur vor Gott gekniet, nicht vor Menschen, und das auch nur ein einziges Mal im Jahr in der Synagoge am Versöhnungstag. Dann ist es ein Knien mit gebeugtem Kopf, ohne aufzublicken. Ich habe dennoch das Knien von Willy Brandt als Geste der Demut verstanden, weil er es selbst so verstanden hat. Bei ihm war es eindeutig eine Geste der Demut. Er hatte eine enorm menschliche Seite, und er hat sich enorme Verdienste durch die Aussöhnung mit dem Osten erworben, gegen den Willen der Opposition. Dies, obwohl sich Rainer Barzel ebenso für die Aussöhnung mit dem Osten engagierte, aber aus der Opposition heraus durfte das nicht sein.

Ludwig Erhard hat zwar als erster deutscher Staatsmann diplomatische Beziehungen zu Israel aufgenommen, aber im Denken war er mir zu technokratisch, zu rationell. Ich glaube nicht, daß er die gleichen Empfindlichkeiten gespürt hat wie Adenauer. Zu Heinrich Lübke fällt mir nichts ein. Helmut Schmidt ist in meinen Augen ein Macher, ein reiner Technokrat. Ich glaube nicht, daß Helmut Schmidt ein starkes menschliches Verhältnis zu irgend jemandem hat. Bei Helmut Kohl hingegen finde ich Verständnis für die jüdische Gemeinschaft. Trotz Bitburg. Bitburg war, glaube ich, eine Panne, von der ich nicht weiß, ob Helmut Kohl sie inzwischen eingesehen hat. Ich würde es bedauern, wenn er noch immer denken würde, Bitburg wäre richtig gewesen. Wenn dem so wäre, würde Kohl bei mir viel an Glaubwürdigkeit und Respekt verlieren. Ich selbst habe mit ihm nie über Bitburg gesprochen. Der Zentralrat hatte seinerzeit als alternativen Treffpunkt für Kohl und Reagan das KZ Flossenbürg vorgeschlagen, wo auch deutsche Offiziere als Häftlinge zu Tode gekommen waren. Aber das interessierte niemanden wirklich.

Hans-Dietrich Genscher ist ein Fuchs, ein Taktiker, der, das muß ich sagen, viel Verantwortungsgefühl besitzt. Er hat mir sehr imponiert, als er beispielsweise bei der Unterzeichnung des Einigungsvertrages in Moskau als einziger über die Verantwortung Gesamtdeutschlands für das jüdische Volk sprach. Denn Hitlers Krieg war ja gegen das jüdische Volk gerichtet, egal wo es lebte. Richard von Weizsäcker achte ich sehr. Obwohl er als junger Jurist seinen in den Nationalsozialismus verstrickten Vater in Nürnberg verteidigt hat. Zunächst ein Mal hat meiner Ansicht nach ein Anwalt die Pflicht zu verteidigen, und zweitens hat ein Sohn die Pflicht, den Vater zu verteidigen, auch wenn er schuldig geworden ist. Im Fall von Weizsäcker war es eine politische Schuld, keine Täterschaft. Ein Sohn muß wie ein Anwalt versuchen, die positiven Motive herauszuarbeiten.

In meiner Partei, der F.D.P., habe ich Freunde und Gegner, gibt es Rechte und Linke. Gereizt hat mich an der Parteiarbeit eigentlich alles. Wo auch immer ich bin, bin ich nie passiv. Ich kann gar nicht passiv, nirgendwo nur nominelles Mitglied sein. Es gab zum Beispiel ein Mal einen Bundesverband jüdischer Gewerbetreibender und Industrieller, bei dem ich als Mitglied eingeschrieben war, ohne je zu einer Mitgliederversammlung zu gehen. Irgendwann zog der Vorsitzende ins Ausland um. Dann guckte man mich als Vorsitzenden aus, und ich nahm das Amt an. Nach drei Monaten habe ich gemerkt, daß es sich um eine »tote Hose« handelt, die nur künstlich am Leben erhalten wird. Kurze Zeit später ist der Verein dann unter meinem Vorsitz liquidiert worden.

K.: Anderes Thema: Wie finden Sie Ihre Positionen, worauf ver-

lassen Sie sich? Sie haben es vorhin schon mal angedeutet, auf Ih-
ren Instinkt, worauf verlassen Sie sich noch, gibt es Menschen, auf
deren Rat Sie sich verlassen?

B.: Auf Fakten, Fakten. Es gibt Menschen, auf deren Rat ich
höre, aber ich befolge ihn nicht immer. Es gibt Menschen,
denen ich zuhöre und daraus entweder Konsequenzen ziehe
oder auch nicht. Und es gibt Menschen, denen ich gar nicht
erst zuhöre.

K.: Wer sind zum Beispiel solche Menschen, denen Sie zuhören?

B.: Es gibt nur wenige, zum Beispiel meinen Schwager in Paris, er ist jemand, mit dem ich diskutiere, vieles diskutiere.
Ich diskutiere auch mit Max Willner oder Professor Breitbart.
Im Direktorium des Zentralrats gibt es unter den 21 Mitgliedern noch einige weitere Personen, mit denen ich mich un-
terhalte und die ich manchmal um ihre Meinung bitte. Über
Beschlüsse im Zentralrat entscheidet allerdings letztendlich
die Mehrheit.

K.: Gehört auch ein Junger wie Michel Friedman zu den Men-
schen, deren Meinung Sie interessiert?

B.: Ja. Ebenso wie Dr. Korn vom Vorstand der Jüdischen Gemeinde Frankfurt. Das Alter spielt keine Rolle. Es ist immer
eine Frage der Lebenserfahrung und der Sachkenntnis.

K.: Sie haben bereits gesagt, Deutschland wird immer gemessen
daran, wie es mit seinen Juden umgeht ...

B.: Es wird immer so sein, daß Deutschland in anderen Ländern daran gemessen wird. Nur würde ich, wenn ich eine Gefahr sähe, heute raten: »Leute, es ist Zeit zu gehen.« Doch ich

sehe die Demokratie in Deutschland nicht in Gefahr. Aber auf seiten der Regierung, und das hat nichts mit der jetzigen Bundesregierung zu tun, ist es mit allen ähnlich gewesen, ganz gleich, ob es sich um eine sozial-liberale Regierung handelte oder eine christlich-liberale: Für die Bundesrepublik war es wichtig, daß Juden wieder in Deutschland leben können. Nur daraus ergibt sich der relativ hohe Einfluß und das Gehörtwerden. Wir haben in Deutschland zum Beispiel 2 Millionen Moslems und nur 40.000 Juden.

Wir leben in Deutschland in demokratischen Verhältnissen. Was die Existenz des Antisemitismus angeht, hat sich jedoch in Deutschland wenig verändert. In der Nazizeit gab es allerdings mehr Antisemiten als jetzt, weil damals auf Befehl gehandelt wurde, Antisemitismus war Staatsdoktrin. Man hatte Juden zu hassen, also haßte man sie. Doch es ist kein früherer Antisemit geläutert worden, die junge Generation in Deutschland denkt allerdings anders. Sie brauchte ja auch nicht vom alten Antisemitismus geläutert zu werden. Allerdings gab es nach 1945 ein Tabu in Deutschland. Man hielt es nicht für opportun, sich zum Antisemitismus zu bekennen. Dieses Tabu ist seit der Vereinigung gefallen.

Lassen Sie mich Ihnen ein anderes Beispiel geben. Wenn von den 2 Millionen Türken 1.900.000 zurückgehen würden, wäre in Deutschland niemand wirklich ernsthaft berührt. Man würde bedauern, daß in einigen Branchen Arbeitskräfte fehlen, aber ansonsten wäre doch fast niemand wirklich bekümmert. Die fehlenden Arbeitskräfte, so würde man denken, kann man sicher auch anderswo rekrutieren. Wenn aber morgen von den 40.000 jüdischen Deutschen 39.900 auswandern würden, würde das als Eklat empfunden, es wäre, politisch betrachtet, niemandem egal.

K.: Wie ist Ihr Ruf in Israel? Schätzt man Sie da sehr?

B.: Seit meinen Statements in Amerika gibt es auch in Israel einen ersten Wandel, einen ersten Knick. Ich war in Israel eine ganze Weile eine Persona non grata, seitdem ich Vorsitzender des Zentralrats bin und erkläre, man kann in Deutschland leben, man muß nicht weg. Man liest auch hier den »Spiegel«.

K.: *Dafür wurden Sie zur Persona non grata erklärt?*

B.: Vielleicht ist die Formulierung zu scharf, aber auf jeden Fall wurde ich schief angesehen. Israel, meint man dort, hat die Heimat eines jeden Juden zu sein.

K.: *Ist das nicht auch Neid von manchen Israelis, die aus Europa gar nicht gerne nach Israel emigriert sind, weil sie selbst Angst vor einem Leben in einer völlig neuen Umgebung hatten und jetzt lieber woanders wohnen würden, wo es ruhiger und weniger gefährlich zugeht?*

B.: Nein, das nicht. Aber man will von einem Juden nicht hören, daß Israel nicht seine Heimat ist, und schon gar nicht von einem Juden aus Deutschland. Da argumentieren die Israelis ähnlich wie Herr Schmidt aus Rostock.

K.: *Aber es hat doch viele gegeben, die natürlich gerne in Deutschland geblieben wären, weil Deutschland ihre Heimat war, die ihr Land nicht freiwillig verlassen haben.*

B.: Nicht freiwillig gegangen sind, aber auch nicht zurückgehen wollen, weil sie sagen, das, was da passiert ist, kann ich niemals vergessen.

K.: *Nun haben sich die aus Europa emigrierten Juden wahrscheinlich inzwischen damit abgefunden, daß sie in Israel leben. Das*

*war sicher auch schwer. Und dann kommt einer wie Sie und sagt,
Deutschland ist doch prima, da kann man leben. Das ist für sie ja
auch nicht leicht zu ertragen.*

B.: Ich habe diese Probleme gar nicht ein Mal mit den ehemaligen deutschen Juden. Ich habe hauptsächlich Probleme mit den zionistischen Organisationen in Israel, mit den Ideologen.

K.: Und wie verhalten sich die israelischen Parteienvertreter?

B.: Die Meinungen gehen quer durch alle Parteien. Mit der Arbeiterpartei habe ich weniger Probleme, was der Likud von mir denkt, ist mir ziemlich egal. (lacht) Uri Gordon zum Beispiel gehört zur Arbeiterpartei, er ist zuständig für die Einwanderung, doch das spielt in seinem Fall alles keine Rolle. Er war schon gegen meine Position, als im Mai 1989 der Jüdische Weltkongreß seine Tagung in Berlin abhielt. Es waren auch Israelis eingeladen, und Uri Gordon zählte zu denen, die sagten: »Nach Deutschland gehen wir nicht.« Und Dinitz, der Vorsitzende der Jewish Agency, sagte das gleiche. Daraufhin habe ich bei Mendel Kaplan, dem Vorsitzenden des Board of Governors der Jewish Agency, dem ich selbst auch angehörte, angerufen. »Mendel«, sagte ich, »wenn der Vorsitzende des Board of Governors es ablehnt, nach Deutschland zu kommen, lege ich am Tag darauf meine Mandate nieder.« Er ist gekommen.
Es gibt eine Organisation, die Vereinigte Israel Aktion, deren Vorsitzende aus aller Welt stammen. Sie hielten eine Präsidentenkonferenz in Berlin ab. Der Weltpräsident, der zugesagt hatte, sagte drei Tage vorher ab, weil er eine wichtigere Sitzung in Israel habe. Ich rief ihn an: »Du sollst wissen, ich bin dir nicht böse, wenn dir eine andere Konferenz wichtiger ist. Ich bin nur Ehrenvorsitzender in Deutsch-

land, aber ich gebe dann den Ehrenvorsitz zurück.« Er ist gekommen.

K.: Das sind ja regelrechte Erpressungen (lacht) ...

B.: Ja, ich habe gesagt: »Es kann sein, daß du nicht nach Deutschland kommen willst, aber du kommst zum jüdischen Vorsitzenden, und dann hast du zu kommen.« Sie wollten die gleiche Konferenz dann »zu Ehren Deutschlands nach Jerusalem« verlegen, darauf habe ich geantwortet, dann käme ich nicht. Und so blieb es bei Berlin.
Im übrigen begehen die israelischen Parteien den gleichen Fehler wie die Parteien bei uns. Sie versuchen, populistisch zu denken, obwohl sie oft gar nicht wissen, was das Volk wirklich denkt.

K.: Zur Deportationspolitik Israels: Sind Sie nicht eigentlich jemand, dem es derzeit näherläge, mit der Peace-Now-Bewegung gegen die Deportationen der Hamas-Aktivisten zu demonstrieren, weil Deportationen jeder Art gegen die Menschenwürde verstoßen?

B.: Nein. Abgesehen davon, daß ich nur von Ausweisungen spreche. Ich kenne den Begriff Deportation nur im Zusammenhang mit den Gaskammern.

K.: Warum nicht?

B.: Ich kann mit Peace-Now-Leuten derzeit nicht demonstrieren, denn hier geht es um Sicherheitsfragen für Israel. Wenn ich in Israel leben würde, würde ich wahrscheinlich mitdemonstrieren, aber ich lebe woanders. Ich kann nicht Israel vorschreiben, wie es seine Sicherheit gestaltet. Ich würde auch nicht in Deutschland gegen die Regierung protestieren, weil sie aus irgendwelchen Gründen gegen RAF-Terrori-sten oder Neonazis vorgeht. Dort, wo es um die Sicherheit eines Staates geht, bin ich nicht der Fachmann, um die Situa-tion beurteilen zu können. Wo es um die Sicherheit des Staa-tes Israel geht, halte ich mich heraus. Es gab ja auch in Israel meines Wissens keine Demonstrationen, obwohl die Israelis normalerweise keine Probleme haben, gegen ihre jeweilige Regierung zu demonstrieren.

K.: Doch, gestern abend (27. Dezember 1992, E. K.) fand eine Peace-Now-Demonstration in Tel Aviv statt . . .

B.: Mit wie vielen Teilnehmern?

K.: Etwa 2.000 Menschen . . .

B.: Mag sein. Die Syrer haben jedenfalls nicht demonstriert und die Jordanier auch nicht bzw. erst sehr spät.

K.: Aber Peace-Now schon, und zwar bei strömendem Regen . . .

B.: Alle Ehre für Peace-Now, aber ich lebe in Deutschland. Ich muß allerdings dazu sagen, daß ich die Ausweisung aus meiner Sicht für einen großen politischen Fehler halte. Ich habe das auch schon der Regierung in Israel gesagt. Im Grun-de genommen haben Ägypten und Syrien die gleichen Pro-bleme mit den Hamas-Aktivisten, und da kommt es ihnen sehr gelegen, wenn Israel für sie die Schmutzarbeit mitmacht und sie selbst dabei den feinen Max spielen können.

K.: Was halten Sie von Leuten wie der Jewish Defence League, die angekündigt hat, mit eigenen Fightern gegen die Rechtsradi-kalen nach Deutschland zu kommen?

B.: Das sind für mich ebenfalls Rechtsradikale.

K.: Glauben Sie, daß sie nach Deutschland kommen, wie sie angekündigt haben?

B.: Ach wo. Das sind nur Rambo-Töne.

K.: Wie denken Sie über das aktuelle Parteiengefüge in Deutschland?

B.: Das ist eine sehr heikle Frage. Es gibt Gebiete, auf denen zwischen den verschiedenen Parteien kaum noch Unterschiede zu erkennen sind. Das Problem ist, ich kenne kein besseres System. Wir haben nicht nur das Problem der Parteiverdrossenheit, auch die Kirchen haben an Einfluß verloren, wie die Gewerkschaften. Wir haben festgestellt, daß sich die Kirche in der Nazi-Zeit zuwenig in die Politik eingemischt hat. Es war ja auch schwierig. Das hatte den Effekt, daß sie sich anschließend mehr einmischte, und das fanden andere auch wiederum nicht so gut. Ich meine, daß es sehr wohl zur Aufgabe der Kirchen gehört, für Ethik, Moral und Toleranz einzutreten.

K.: Worauf läuft diese Gesellschaft zu?

B.: Diese Gesellschaft brauchte einen Schock!

K.: Welcher Art?

B.: Wir haben diesen Schock jetzt gehabt. Gewalt und Rechtsradikalismus. Dieser Schock wird die Gesellschaft hoffentlich ernüchtern. Zu diesem Schock gehört auch die Situation in Jugoslawien. Wenn diese Gesellschaft diesen Schock wahrnehmen will, dann gibt es nur eine Chance. Richtung Europa.

Bildnachweis

Ruth Liepman
Vielleicht ist Glück nicht nur Zufall

Erinnerungen

Leinen

Die Erinnerungen einer faszinierenden Frau, die 1934 vor den Nazis nach Holland flüchtete, dort unter Einsatz ihres Lebens Juden vor den Kerkern und Gaskammern rettete und seit Jahrzehnten eine der bekanntesten literarischen Agenturen Europas leitet.

Kiepenheuer & Witsch

Erwin Leiser
Gott hat kein Kleingeld
Erinnerungen

Leinen

Der Dokumentarfilmer
Erwin Leiser (»Mein Kampf«) schreibt über seine Berliner
Kindheit, seine Flucht nach Schweden, die Begegnungen mit
Menschen wie: Nelly Sachs, Peter Weiss, Willy Brandt, Ber-
tolt Brecht, Erwin Piscator, Giorgio Strehler, Roman Vish-
niac, Isaac Bashevis Singer . . .

»Ich erzähle Geschichten, unsentimental, so ehrlich ich kann,
ohne Pathos, aber mit Humor — ohne den ich nicht überlebt
hätte.«

Kiepenheuer & Witsch

PETER SICHROVSKY
WIR WISSEN NICHT WAS MORGEN WIRD,
WIR WISSEN WOHL WAS GESTERN WAR
Wir – junge Juden in Deutschland und Österreich

KiWi 72

Peter Sichrovsky, geboren 1947, hat dreizehn Gespräche
geführt mit Jüdinnen und Juden, die heute in der Bundesrepublik Deutschland und in Österreich leben. Was hat
diese Menschen bewogen, in dem Land zu bleiben, in
dem ihre Familien verfolgt und vernichtet wurden? Die
Protokolle sind erschütternd, sie offenbaren die Zerris-
senheit, Sehnsüchte, Heimatlosigkeit und Ängste der
Kinder der Überlebenden.

KiWi Paperbackreihe bei Kiepenheuer & Witsch

PETER SICHROVSKY
SCHULDIG GEBOREN
KINDER AUS NAZIFAMILIEN

KiWi 133

In 15 Gesprächen erzählen Frauen und Männer, warum sei ihre Nazi-Eltern hassen oder trotzdem noch verehren, wie sie mit ihnen aufwuchsen und wie sie heute mit diesem Wissen leben.

KiWi Paperbackreihe bei Kiepenheuer & Witsch

PETER SICHROVSKY
DIE KINDER ABRAHAMS
Israels junge Generation

KiWi 216

Die zahlreichen Interviews, die Peter Sichrovsky mit jungen israelischen Frauen und Männern geführt hat, vermitteln ein faszinierendes, dichtes und überraschendes Bild von einem bekannten-unbekannten Land. Sie geben Auskunft über die Träume, Sehnsüchte, Gefühle und Forderungen einer Generation.

KiWi Paperbackreihe bei Kiepenheuer & Witsch

JOSEPH ROTH
DAS SPINNENNETZ
Roman

KiWi 152

Leutnant Lohse kehrt enttäuscht aus dem Ersten Weltkrieg heim und gerät in Berlin in die Umtriebe rechtsradi-
kaler Organisationen und Geheimbünde. Unverkennbar
zeigt sich schon in diesem ersten Roman von Joseph
Roth die visionäre Sicht seiner Darstellung und die Lei-
denschaft seiner zeitkritischen Haltung als Skeptiker und
Revolutionär.

»*Joseph Roths* Roman ist mehr als Fiktion: er ist heute als
Dokument zitierbar.«   *Süddeutscher Rundfunk*

KiWi Paperbackreihe bei Kiepenheuer & Witsch

Joseph Roth
Juden auf Wanderschaft

KiWi 81

Der liebevollen, oft auch ironischen Zeichnung ihrer
Kultur, ihrer Städte, Feiertage, Wunderrabbis, Hochzei-
ten und Bethäuser, vor allem aber des Elends, das so viele
in die Welt hinaustrieb, folgt im zweiten Teil die Beschreibung ihrer neuen Heimatorte, der Judenviertel in Wien,
Paris und New York. Abenteuerliche Geschichten erzählt der Jude Joseph Roth dort über das Schicksal von
Menschen, die immer wieder auf der Flucht sind und deren Tragik sich bei den einen in einer Überanpassung an
ihre neuen »Heimatländer«, bei den anderen in ihrem orthodoxen Beharren auf den alten Traditionen manife-
stiert.

Das Buch ist aber auch eine hellsichtige und spannende
Diagnose der sogenannten »goldenen« 20er Jahre. Es er-
faßte frühzeitig die Zerbrechlichkeit einer Epoche, die
mit unserer von ganz anderen Krisen erfaßten Gegenwart
mehr gemeinsam hat, als wir oft sehen wollen.

KiWi Paperbackreihe bei Kiepenheuer & Witsch

Michael Schomers
Deutschland ganz rechts

Sieben Monate als Republikaner in BRD & DDR
Mit einem Vorwort von Günter Wallraff

Seit ihren spektakulären Wahlerfolgen in den letzten Jahren
sind die Republikaner zum Medienereignis geworden.
Wie aber sieht es hinter den Kulissen dieser Partei aus, die
versucht, sich in der Öffentlichkeit als demokratische, staats-
tragende Kraft darzustellen?
Der Kölner Journalist Michael Schomers ist mit verändertem
Namen sieben Monate lang »dabeigewesen« – als Parteimit-
glied, als Parteitagsdelegierter, als Wahlkämpfer, Ratsaus-
schußvertreter und als DDR-Kontaktmann.
Sein Bericht ist verblüffend und erschreckend zugleich:
Einesteils werden Menschen sichtbar, die mehr sind als politi-
sche Klischees, anderenteils liest sich das Buch wie ein Bericht aus einer anderen Welt. Eine Welt der grotesken
Schlammschlachten, der Gewalt und des politischen Dilet-
tantismus. Heidnische Germanenkulte, Antisemitismus,
Mißtrauen aller gegen alle bestimmen das Bild.
Die Chronik der laufenden Ereignisse, hier am Beispiel des
Kölner Kreisverbandes, ist eine Schmierenkomödie und ein
politisches Lehrstück zugleich.

KiWi Paperbackreihe bei Kiepenheuer & Witsch

Arsch huh, Zäng ussenander!

Kölner gegen Rassismus und Neonazis
KiWi 311
Mit vielen Fotos

Alle Liedtexte und Reden des großen Kölner Konzerts gegen
Rassismus und Neonazis, das am 9. November 1992 vor
100.000 Besuchern stattfand. Mit Beiträgen von: Bläck
Fööss, Zeltinger Band, BAP, Willy Millowitsch, Elke Hei-
denreich, Lew Kopelew, Günter Wallraff und vielen anderen.
Die Erlöse aus diesem Buch fließen in den Fonds der »AG
Arsch huh« für weitere Aktionen gegen Rassismus und Neo-
nazis.

KiWi Paperbackreihe bei Kiepenheuer & Witsch

Konstantin Wecker
Sage nein!

Politische Lieder

KiWi 299
Mit Noten und Griffen für die Gitarre
Originalausgabe

Die politischen Lieder, die Konstantin Wecker seit den siebziger Jahren geschrieben hat, sind von unverminderter Aktualität. Die Bedrohung von Rechts kann heute nicht mehr als Randerscheinung abgetan werden.
Der Band enthält Weckers gesamte politischen Lieder; die neuen entstanden in den letzten Wochen.

KiWi Paperbackreihe bei Kiepenheuer & Witsch